AF001013

Vivir sin generar Residuos

Kate Arnell

Vivir sin generar Residuos

Cómo reducir tu huella ambiental en seis semanas

Traducción de María Angulo Fernández

rocaeditorial

ÍNDICE

PRÓLOGO	6
INTRODUCCIÓN	10

Las erres de una vida sin residuos — 14
- Regla 1: Rechazar — 15
- Regla 2: Reducir — 16
- Regla 3: Reutilizar — 18
- Regla 4: Reparar — 20
- Regla 5: Reciclar — 21
- Regla 6: Recuperar — 23
- Regla 7: Reaccionar — 24

CÓMO UTILIZAR ESTE LIBRO — 25

Ventajas — 28
- Ventaja 1: Ahorrar dinero — 28
- Ventaja 2: Mejorar la salud — 29
- Ventaja 3: Reducir el desperdicio alimentario — 31
- Ventaja 4: Más tiempo de calidad — 32
- Ventaja 5: Aprender cosas nuevas — 33
- Ventaja 6: Vivir en coherencia con tus valores — 34

Desmontando mitos — 35
- Mito 1: No puedes comer carne — 35
- Mito 2: Debes ser minimalista — 36
- Mito 3: Solo compras de segunda mano — 37
- Mito 4: Tu vida gira alrededor de un compromiso — 38
- Mito 5: Te conviertes en una mula — 39

CAPÍTULO 1:
Un plan de seis semanas — 40

Semana 1 – Tareas sencillas, cubos y decir no — 42
- Tarea 1: Empieza por las cosas más fáciles — 43
- Tarea 2: Sistema de cubos de basura — 50
- Tarea 3: Decir no — 55
- Tarea 4: Investigar — 59

Semana 2 – Hazte con un kit residuo cero — 63
- Tarea 1: El kit — 64
- Tarea 2: Fuera de casa — 73

Semana 3 – Baño e higiene personal — 82
- Tarea 1: Aborda el cuarto de baño — 83
- Tarea 2: Simplifica tu rutina de belleza — 91

Semana 4 – Limpieza y cultura — 96
- Tarea 1: Limpieza — 97
- Tarea 2: Cultura — 112

Semana 5 – ¡A ordenar! — 115
- Tarea 1: El orden — 116

Semana 6 – ¡Empieza a compostar y haz algo! — 124
- Tarea 1: Empieza a compostar — 125
- Tarea 2: ¡Haz algo! — 132

CAPÍTULO 2:
VIVIR SIN RESIDUOS EN ACCIÓN   144

UN ARMARIO SOSTENIBLE   146
-Regla 1: ¡Compra menos!   147
-Regla 2: Elige bien   148
-Regla 3: Haz que dure   151

RESIDUO CERO EN EL TRABAJO   153
COMER FUERA SIN GENERAR RESIDUOS   157
FAMILIA Y AMIGOS   160
EVENTOS Y CELEBRACIONES   163
VIAJES   169
BEBÉS Y NIÑOS   175
MASCOTAS   180

CAPÍTULO 3:
RECETAS ÚTILES   184

EN LA COCINA   186
LIMPIEZA   198
PRODUCTOS DE BELLEZA   206

UN APUNTE FINAL   212
RECURSOS   214
ÍNDICE ALFABÉTICO   218
BIBLIOGRAFÍA   222
AGRADECIMIENTOS   223

PRÓLOGO

Era septiembre de 2013. Mi marido volvió a casa después del trabajo con uno de esos periódicos gratuitos que dan en las estaciones de tren. Me mostró un artículo sobre una familia que vivía en California y que se las había ingeniado para reducir tantísimo el desperdicio que generaba que, al cabo de un año, logró que todos sus residuos cupieran en un bote de poco más de un litro. «Impresionante», pensé. Me quedé maravillada al saber que algo así fuera posible. Leer algunos de los métodos que habían adoptado para reducir el desperdicio familiar fue toda una inspiración para mí, así que empecé a indagar sobre un estilo de vida sin residuos. Quería averiguar si podía incluir ciertos hábitos en mi casa.

Siempre he preferido comprar productos ecológicos (por el medioambiente, porque utilizan menos pesticidas y porque son más respetuosos con el mundo animal), pero se me partía el alma cuando veía esa cantidad de envases de plástico que los acompañaban, sobre todo en supermercados, donde los alimentos ecológicos vienen envueltos en un montón de plástico para que el cliente los diferencie a primera vista. Cada semana, cuando colocaba la compra, me sentía culpable; la montaña de plásticos era enorme, y la mayoría de un solo uso y no reciclado. Una semana después de leer el texto, me topé con un libro escrito por la madre de la familia que había aparecido en el artículo, *Residuo cero en casa*, de Bea Johnson. Lo compré. Leerlo fue una delicia. Devoré ese libro en un par de días y, al final, me convencí de

PRÓLOGO

que podía vivir de una forma más coherente con mis valores vitales. Me di cuenta de que no tenía que generar tantos residuos cada semana, de que podía tomar las riendas de la situación en lugar de resignarme y aceptar que esa cantidad de residuos era algo normal en nuestra vida.

Seguí dándole vueltas al tema y, de repente, me percaté de que en la naturaleza no existe el desperdicio. Cualquier «desecho» se convierte en otra cosa, en algo útil para una planta o una criatura. Los residuos, tal y como los conocía, eran un defecto del diseño y un fracaso absoluto de la imaginación. El ser humano genera residuos y me sentía incómoda si contribuía a esa gigantesca montaña de plástico. Casi de un día para el otro, y para sorpresa de mi marido, decidí embarcarme en un estilo de vida sin residuos.

Hubo muchas pruebas, y muchos errores, y muchas búsquedas por Internet. Tuve que cambiar mi mentalidad y reeducar mi cerebro. En treinta años de vida, nunca había pensado en los residuos que generaba, y mucho menos en dónde terminaban. A medida que fui buscando opciones para reducir nuestros desechos, empecé a desilusionarme porque mi país, Reino Unido, estaba a años luz de muchos otros; apenas encontraba alimentos sin envasar, recipientes que poder rellenar u opciones sin plástico.

Así que decidí abrir un blog y un canal de YouTube para compartir mi viaje: qué funcionaba y qué no. Mi objetivo no era convertirme en un referente para la gente que pretendía reducir sus residuos, sino presentarlo de una forma divertida y desenfadada. Quería que mis suscriptores disfrutaran del contenido, tanto si les preocupaba la generación de residuos como si no. Había trabajado como presentadora de televisión y en ese momento era la guionista y la presentadora de *Anglophenia*, un programa del canal de YouTube de la BBC americana. En él explicaba las estrafalarias diferencias entre Estados Unidos y Reino Unido, pero con una pizca de humor. Algunos vídeos, como *Cómo blasfemar como un británico*, se hicieron virales y mi número de seguidores aumentó de forma

Prólogo

exponencial. Mi esperanza era que todos esos espectadores pasaran por mi canal y se quedaran para verme parlotear sobre cómo hacer la compra de forma sostenible.

No soy una *hippy*; vivo en el corazón de Londres, me encanta darme un baño y lavo la ropa a una temperatura mayor de la recomendada (hablaré de esto más adelante). Un estilo de vida sin residuos es un viaje distinto para todos y, a pesar de que los desechos son un gran problema para el planeta, reprocharle a la población que no hace nada nunca funciona. Mi intención era demostrar que la perfección no existe; si conseguía que una o dos personas empezaran a rellenar el jabón que usan en lugar de comprar un bote nuevo cada mes, o que se acordaran de coger la botella de agua reutilizable o las bolsas de tela antes de salir de casa, yo ya me daba por satisfecha. Es emocionante ver a tantos *influencers*, blogueros y *youtubers* hablando sobre una vida sin residuos. Se ha convertido en un movimiento mundial.

Debo admitir que al principio me intimidaba un poco; hace años, la gente apenas sabía sobre la contaminación por plásticos o la gestión de residuos. Me he dado cuenta de que intentar generar menos residuos sin cambiar tu forma de vida puede ser tan desesperante que incluso te llegas a plantear tirar la toalla. La clave está en aceptar que habrá que adaptarse y hacer algunos cambios para que todo funcione bien. Todavía recuerdo como si fuese ayer el día que entré en el supermercado y pregunté en la carnicería si podían servirme el pollo en mi propio envase, sin plástico. El tipo murmuró algo sobre la «política de seguridad y salud de la empresa», me marché (con las manos vacías) y decidí que iba a tener que cambiar algunas cosas. Si quería deshacerme de los envases de plástico, iba a tener que dejar de comprar en supermercados. Así que, desde entonces, apoyo el comercio local que vende productos como carne, queso, cerveza, vino, aceite y ropa sin envases de plástico o a granel, y que respalda mi esfuerzo por generar menos residuos.

Prólogo

Me enorgullece poder decir que, en el último par de años, Reino Unido ha avanzado muchísimo en lo que a gestión de residuos se refiere y que cada semana, en algún rincón del país, se abre una tienda nueva que ofrece productos orgánicos y sostenibles. Incluso supermercados de renombre están colocando carteles en los pasillos para animar a los clientes a traer sus envases reutilizables a la sección de charcutería y carnicería y para recordarles que traigan sus propias bolsas. Los medios de comunicación también han aportado su granito de arena al dar visibilidad al tema y, como resultado, Gobiernos de todo el mundo han empezado a aplicar o hablar de los impuestos de los plásticos de un solo uso y a buscar mejores opciones para que las empresas generen menos residuos. Ojalá pudiera decir que puedo meter mi basura anual en un bote de cristal, como los protagonistas del artículo que leí. Pero, viviendo donde vivo, mi capacidad de hacer compost es limitada y todavía hay cosas que, por casualidad o sin mala intención, vienen envasadas y entran en casa, por lo que aún genero residuos. No soy perfecta y creo que nadie debería intentar serlo. Pero lo que sí ha cambiado desde que me embarqué en esta aventura no es solo la dramática reducción de residuos que genero, sino también la clase de residuos que genero. La mayoría son restos de comida (no me preocupa molestar al Ayuntamiento de vez en cuando; le pedí que introdujese la recogida de basura orgánica y, por fin, lo están probando en algunas calles de mi barrio). Es una fracción de lo que solía tirar; he pasado de llenar dos enormes bolsas de plástico cada semana a una bolsa de papel pequeña cada dos.

Cada céntimo que gastamos, cada decisión que tomamos y cada hábito que adoptamos sirven para dibujar el mundo en el que soñamos vivir. Si hacemos cambios, por muy pequeños que sean, en nuestras rutinas diarias enseguida veremos resultados. También he aprendido que no hay nada mejor que vivir en consonancia con tus valores; nuestras elecciones no tienen que hacernos sentir que la vida es un gran compromiso.

Introducción

En los últimos años, y gracias a las redes sociales y a documentales como *Planeta azul*, la población es más consciente del problema del plástico y la preocupación por los artículos de un solo uso ha crecido muchísimo. Varios estudios han demostrado que es un material casi indestructible y aseguran que los desechos que genera la humanidad (99,8 por ciento de los cuales es plástico) están llegando a las costas de la isla Henderson, en el sur del Pacífico, una isla deshabitada en uno de los rincones más remotos del planeta.[1] Las microfibras que se desprenden de la ropa al lavarla y los microplásticos —trocitos de plástico que se han ido rompiendo y desgastando a lo largo de los años hasta convertirse en partículas diminutas presentes en el medioambiente— están contaminando la cadena alimenticia[2] y la mayor parte del agua corriente y agua embotellada del mundo.[3]

Pero, para mí, una vida sin residuos va mucho más allá de evitar los plásticos desechables; se trata de escarbar en todos los residuos innecesarios que, sin darnos cuenta, generamos a diario. Los productos vienen con demasiados embalajes y la mayoría son prescindibles. Cambiar un material del embalaje (como el plástico) por otro (vidrio, metal, papel) no es la

Introducción

solución; seguimos desechando los envases y agotando recursos naturales. A veces, tendremos que resignarnos porque no hay otra opción, pero a menudo la solución más sencilla y sostenible es que no haya envase alguno.

Al igual que muchos, me quedé helada cuando me enteré de las estadísticas sobre los residuos que generamos y de los sistemas tan complicados e inefectivos que hemos creado para gestionarlos. La mayoría de la gente cree que el problema de los residuos se nos ha ido de las manos y no sabe ni por dónde empezar. Y muchos opinan que, además, no serviría de nada. Creo que, cuando tomamos consciencia del problema, debemos actuar y cambiar ciertas cosas y hábitos en nuestra vida cotidiana. Necesitamos que Gobiernos y grandes empresas también aborden el problema de los residuos para que el cambio sea radical, pero no podemos quedarnos de brazos cruzados y esperar a que los cambios que tanto ansiamos lleguen solos.

Introducción

Este libro pretende explicar algunos conceptos básicos y preparar el terreno para que puedas embarcarte en este viaje hacia una vida con menos residuos. Es un libro que describe un estilo de vida, por lo que no encontrarás muchos datos estadísticos; esa clase de cifras tienden a asustar a la gente o a confundirla. Mi objetivo es recordarte, siempre desde el optimismo, que tus acciones sí pueden marcar la diferencia, y pienso que un libro que trata sobre crear cambios positivos puede ser mucho más efectivo que un tocho alarmista repleto de datos y cifras. ¡Para eso ya tenemos a Google!

Me he dado cuenta de que en este mundillo del residuo cero se hace mucho hincapié en hacerlo todo tú o en elegir alternativas que, a mi parecer, «chirrían» un poco. A unos les encantará la idea de hacer su propia esponja vegetal, o de recoger castañas de Indias para sustituir el detergente, o de elaborar su propia crema hidratante. Pero, para ser sincera, no me imagino a mi hermana, a mi cuñada o a mi mejor amiga haciendo una esponja.

He escrito este libro pensando en mi familia y en mis amigos más cercanos. Quería crear una guía paso a paso que fuese fácil de seguir. Para vivir sin residuos, debemos empezar cambiando ciertos hábitos y después, poco a poco, introducir estrategias que nos ayuden a reducir nuestros desechos cotidianos.

Para empezar, coge un tarro gratis

¿Qué narices significa el residuo cero?

Un estilo de vida sin residuos puede significar muchas cosas, todo depende de la persona. En su origen era un término industrial, pero la comunidad que se esfuerza y trabaja para reducir la cantidad de residuos que se generan día a día lo ha adoptado. En pocas palabras, el objetivo es no generar ningún residuo, pero la mayoría de la gente que llevamos un estilo de vida residuo cero hemos asumido que es una quimera, un imposible, pues vivimos en un sistema dirigido por la comodidad y en una cultura basada en productos desechables. Para muchos significa adoptar una visión vital más sencilla y más respetuosa, introducir ciertos cambios en nuestro día a día y sustituir lo desechable por lo reutilizable. Siempre he sentido curiosidad por saber más sobre el mundo en el que vivimos y me encanta leer e investigar sobre temas relacionados con los residuos, los plásticos y el medioambiente. Cada persona interpretará este estilo de vida a su manera, y está bien. Disfruta descubriendo lo que significa para ti y encuentra el equilibrio perfecto en tu vida.

Las Erres de una Vida sin Residuos

La pionera de la vida sin residuos, Bea Johnson, propone «cinco erres»: **Rechazar, Reducir, Reutilizar, Reciclar** y **Recuperar**, en ese orden, como una forma eficaz de adoptar un estilo de vida sin residuos. He decidido incluir dos erres más (Reparar y Reaccionar) porque me parecían importantes para alcanzar este estilo de vida. Llama la atención que reciclar está casi al final de la lista. Si rechazamos, reducimos, reutilizamos y reparamos primero, la cantidad de residuos que tendremos que reciclar será mínima.

1 Rechazar

Rechaza todo lo que no necesitas. Di «No, gracias» a regalos, panfletos, muestras, bolsas de plástico, pajitas, propaganda, tarjetas de empresa (haz una fotografía), servilletas, pañuelos, facturas y bolsitas con artículos de regalo. Si dejamos de aceptar todas esas cosas, no tendremos que perder tiempo y energías en guardarlas para después tirarlas. Cada vez que aceptamos un panfleto, por ejemplo, estamos diciendo, «¡Por favor, seguid imprimiendo!», y alentamos a las empresas a utilizar productos desechables. Al principio puede ser incómodo, pero busca una respuesta educada. Un sencillo «No, gracias, no me hace falta» bastará; no tienes que enfadarte con la persona o la empresa que utiliza esas estrategias ineficientes. Quizá creas que algo tan sencillo como no aceptar un recibo o una factura que se imprime de forma automática es una tontería, pero si la gente empezase a rechazarlos, muchas empresas se darían cuenta de que tienen la papelera llena de recibos y quizás empezarían a enviarlos por correo electrónico para ahorrarse dinero. No subestimemos el poder del rechazo. Una vez empieces, acabarás acostumbrándote. ¡Y además es gratis!

2 Reducir

Reduce todo lo que sí necesitas. Menos es más. Ahora que he simplificado lo que realmente necesito, me siento menos agobiada y, con el tiempo, he ahorrado dinero. Pero también he generado menos residuos, porque he reducido muchos desechables, ya sea porque he encontrado alternativas reutilizables o que sirven para varias cosas, o porque me he dado cuenta de que, en realidad, no lo necesitaba. Las necesidades varían según la persona, así que reducirlas son un asunto bastante personal. Alguien a quien le apasiona cocinar necesitará una serie de electrodomésticos o menaje de cocina. Valora lo que utilizas y lo que se queda acumulando polvo en el armario. Eso te ayudará a decidir con qué te quedas y con qué no.

Al reducir las cosas que tenemos, cuando necesitemos algo, en lugar de comprarlo, trataremos de alquilarlo o de pedirlo prestado. Por ejemplo, mi marido y yo fuimos de acampada con unos amigos hace un par de años. En vez de comprar una tienda de campaña y unos sacos de dormir para una sola noche, les preguntamos a unos amigos si nos podían dejar los suyos. Logramos que nos prestaran todo lo que necesitábamos y además no tuvimos que guardarlo en nuestro diminuto apartamento cuando volvimos.

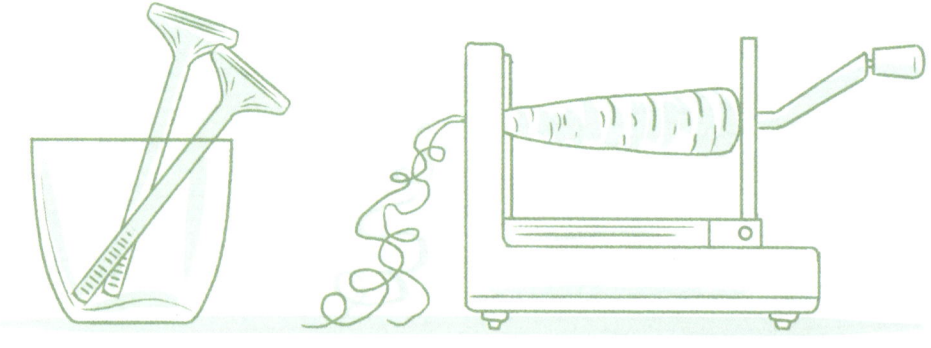

Reducir nuestros bienes materiales también ha supuesto recurrir a mercados de segunda mano, tanto para donar como para vender. Cada vez hay más páginas web y aplicaciones para vender o comprar cosas de forma rápida y sencilla. Siempre viene bien ganarse un dinerito extra. Intenta reducir lo que ya tienes con responsabilidad, ya sea a través de una donación, venta o reciclaje. Hay cosas que no merece la pena guardar, pero siempre podemos ofrecerlas en una página como Freecycle; quizás alguien esté buscando una pieza del artículo del que te deshaces para un proyecto artístico, por ejemplo. La basura de unos es el tesoro de otros, ¡o eso dicen!

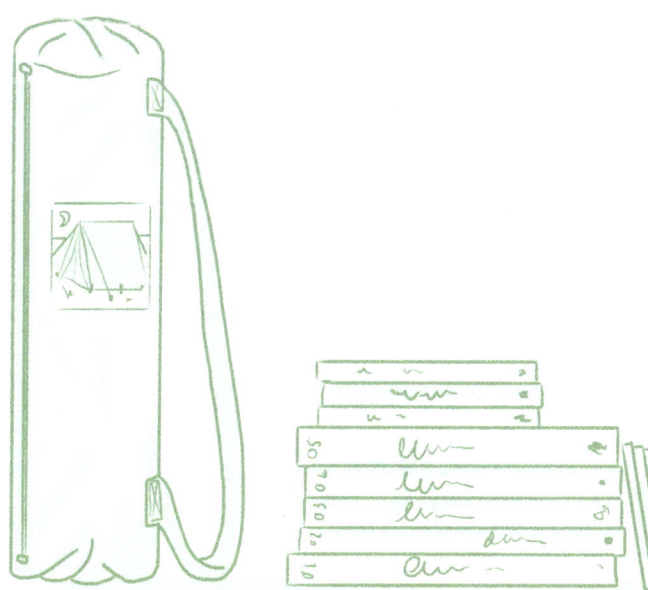

3 Reutilizar

Reutiliza y sustituye artículos desechables por reutilizables. Hoy en día tenemos suerte de que haya alternativas reutilizables para la mayoría de los productos desechables. Reutilizar no es reciclar, ya que nos anima a conservar el artículo en perfectas condiciones, es decir, sin romperlo y destrozarlo para volverlo a fabricar. Es mi erre favorita de la lista porque marca un punto de inflexión a partir del cual dejamos de utilizar productos desechables y empezamos a incluir alternativas reutilizables que mantendremos a largo plazo.

Las alternativas reutilizables pueden suponer un gasto económico al principio, lo cual desanima a mucha gente, pero en mi opinión invertir en ellas es un gran acierto porque te acuerdas de utilizarlas y, con el paso del tiempo, ahorras mucho dinero. Por poner un ejemplo, una de mis primeras adquisiciones reutilizables fue una copa menstrual para sustituir el uso de compresas y tampones desechables. Me costó alrededor de 20 euros, pero sé que durará diez años. Se estima que, de media, una mujer gasta entre 6 y 15 euros al mes en compresas y tampones. Aunque nos fijemos en la cifra más baja, habré

amortizado mi copa menstrual en los primeros cinco meses, lo que significa que ahorraré dinero durante casi diez años. Llevar una botella de agua reutilizable en lugar de comprar botellas desechables es otro ejemplo de ahorro. Pero, desde mi punto de vista, la gran ventaja no es el ahorro económico, sino de residuos. Al elegir bienes reutilizables en lugar de desechables, estamos creando un hábito más sostenible.

Decantarse por articulos reutilizables no tiene que ser caro y, en la mayoría de los casos, ya los tenemos, pero muertos de la risa en nuestros armarios. Evita acumular todos los productos reutilizables que se te ocurran, sobre todo si no los necesitas. Almacenar cincuenta botes de cristal cuando solo necesitas veinte es un despilfarro e implica que otros no pueden beneficiarse de los materiales. Si primero te dedicas a rechazar y a reducir, habrá menos cosas que necesites reutilizar. Comprar en tiendas de segunda mano, pedir prestado o alquilar son buenas alternativas para incentivar la reutilización.

4 Reparar

Repara y cuida de tus bienes materiales para que duren más. Podría haber añadido esta parte en la sección de «reutilizar», pero creo que se merece su propio párrafo, ya que considero que juega un papel vital en este cambio de estilo de vida. Por desgracia, en ocasiones sale más rentable comprar un artículo nuevo que reparar el antiguo y, además, cada vez hay menos empresas que ofrezcan un servicio de reparación. Pero, siempre que sea posible, intento invertir en productos que se han diseñado para que puedan repararse. Por ejemplo, mis vaqueros están hechos de algodón orgánico y además la marca incluye un servicio de reparación gratuito de por vida. Al invertir en artículos que puedan repararse no solo estamos apoyando negocios que asumen la responsabilidad de sus productos, sino que, a largo plazo, ahorramos dinero y recursos.

Si eres como yo y no tienes buena mano con la costura, te aconsejo que recurras a estos servicios; ayudarás a pequeños negocios y contribuirás a que estos oficios no se pierdan. En lugar de invertir en un abrigo de invierno año tras año, prefiero llevarlo a una sastrería para que arreglen los descosidos. También creo que al reparar ciertas cosas establecemos un vínculo de lealtad casi mágico con ellas. Si las cuidamos y nos preocupamos por ellas, es más probable que las queramos más tiempo.

Me encantaría que algún día todas las empresas ofrecieran arreglos o reparaciones como parte de su modelo de negocio. Así, fomentarían la lealtad del cliente y además asumirían la responsabilidad de sus productos y empezarían a diseñar un servicio de reparaciones.

5 Reciclar

Recicla lo que no puedes rechazar, reducir, reutilizar o reparar. Aunque mucha gente promueve el reciclaje como la solución definitiva al problema, la verdad es que el objetivo debería ser reciclar MENOS. Reciclar es vital, ya que se recogen materiales y se les da una segunda vida, pero suele ser la opción más recurrente y más cómoda; lo que realmente deberíamos hacer es reducir el consumo de artículos desechables y la cantidad de envases y embalajes. Por otra parte, no siempre se recicla bien. El plástico, por ejemplo, tiende a «empeorar», lo que significa que el material pierde calidad y no puede reciclarse; en pocas palabras, reciclarlo solo retrasa su llegada al vertedero, pero acabará allí un día u otro. El aluminio y el cristal, por otro lado, pueden reciclarse *ad infinitum* sin perder una pizca de calidad, mientras que el cartón y el papel se pueden reciclar varias veces y después convertirlos en compost. Así que, si he de comprar algo que viene envasado, trato de que sea de metal, cristal o cartón porque son materiales que después se podrán reutilizar para un producto similar.

Comprar productos hechos con materiales reciclados es una buena estrategia para potenciar el uso de materiales reciclables. Si no hay demanda, esos materiales pierden valor y acaban tirándose a pesar de que técnicamente puedan reciclarse. Pero cuidado con los productos hechos de plástico reciclado porque a la larga, aunque parezca que sigamos el ciclo, podemos crear un problema más grande. Por ejemplo, cada vez veo más prendas de ropa que, con orgullo, presumen de estar hechas de plástico reciclado. A primera vista no parece mala idea, hasta que te enteras de que esos materiales liberan microfibras de plástico cuando los lavas. Se ha demostrado que esas microfibras acaban en nuestra cadena alimentaria y en el agua corriente. Y no solo eso: se cuelan por los filtros y vuelven al océano, donde son ingeridos por la fauna marina.[4] ¡Pues no era tan buena idea! Mezclar materiales que no pueden separarse significa que, con toda probabilidad, los productos terminarán en un vertedero. Siempre tendremos que reciclar, incluso aunque llevemos una vida sin residuos, pero me he dado cuenta de que ahora solo vacío los cubos de reciclaje una vez al mes, y no una vez a la semana. Los sistemas de reciclaje son distintos en cada ciudad; hay Ayuntamientos que recogen todo tipo de materiales por separado, pero también los hay que recogen todo lo reciclable en un solo contenedor o los que te exigen que los clasifiques antes. Familiarízate con el servicio de recogida del que dispones; si hay artículos que no aceptan, averigua a dónde los puedes llevar o envíalos a una empresa especializada en el tema. Por ejemplo, cuando limpié a fondo la cocina y puse orden, envié tapones de corcho y viejos CD rayados a empresas que se dedicaban a reciclarlos para fabricar productos nuevos.

Guardo productos como aceite de cocinar, cuchillas de afeitar y pilas (aunque ahora uso las recargables) y después los llevo a una planta de reciclaje que hay cerca de casa.

Cabe recordar que todavía hay muchos países que carecen de sistemas de reciclaje. Por suerte, hay organizaciones benéficas que trabajan para crear instalaciones de reciclaje en países que no disponen de este servicio. Gracias a su empeño y dedicación, han contribuido a recuperar materiales muy valiosos, a mejorar el medioambiente y a crear puestos de trabajo.

LAS ERRES DE UNA VIDA SIN RESIDUOS

6
RECUPERAR

¡No tires los restos de comida, recupéralos! Ojalá hubiera empezado antes a hacer compost. Me decanté por un cubo de compostaje, pero hablaré de las diversas opciones posibles más adelante (ver pág. 128). Cerrar el círculo es muy gratificante y compostar te permite ver el resultado con tus propios ojos. Los restos de verdura y fruta y las hueveras de cartón se convierten, por arte de magia, en abono rico en nutrientes para plantas, y todo en cuestión de semanas.

Quizás incluso dispongas de un servicio de recogida de basura orgánica en tu ciudad. Si es el caso, ¡úsalo! Te quedarás de piedra al ver los pocos residuos que generas. Mi vermicompostador es limitado (nada de carne, productos lácteos o pieles de cítricos, por ejemplo), pero aun así he conseguido reducir muchísimo los desechos alimentarios.

Lo que suelo tirar en el vermicompostador incluye: posos de café, hojas de té (muchas bolsas de té contienen plástico, así que las reviso antes de desecharlas), pelo, restos de fruta y verdura, cáscaras de huevo, hueveras de cartón (aunque suelo reutilizarlas para comprar huevos a granel), papel encerado limpio (de la mantequilla), celofán con certificación de compostaje en casa, como el Natureflex (busca la certificación en la etiqueta) y cerillas.

7 Reaccionar

Reacciona y haz comentarios. Abordaré este tema más adelante (ver págs. 132-142), pues es un paso fácil, pero, por ahora, debes saber que dedicar unos minutos a comunicarse con una empresa por el tipo de envase que usa es una labor importante como consumidores y ciudadanos. Escribirle a una empresa, tuitearle o enviarle un correo exige algo de tiempo, pero el impacto puede ser enorme. Tu opinión importa, así que no lo dudes y alza la voz y, si es necesario, devuelve los envases de los que no te quieras hacer «responsable».

Cómo utilizar Este Libro

Este libro debe ser una guía (y debes guardarlo y recurrir a él de vez en cuando, o prestárselo a amigos cuando ya no lo necesites) que empieza con cambios sencillos y asequibles y, de forma gradual, propone tareas más complejas y difíciles. Puedes tardar seis semanas, seis meses o seis años, pero no pretendas hacerlo todo de la noche a la mañana. Para la mayoría de nosotros, no generar ningún residuo es casi imposible porque no siempre podemos disponer de ciertos servicios. Mi intención con este libro no es que te sientas culpable, sino animarte a hacer todo lo que esté en tu mano para cambiar tu estilo de vida y generar menos residuos.

A lo largo del libro encontrarás ejemplos y sugerencias que a mí me han funcionado, pero el objetivo principal es que introduzcas algunos cambios, que seas consciente de los residuos que generas, que tengas una visión más creativa y que adoptes nuevas rutinas que sean coherentes con tu estilo de vida. Y todo esto lo lograrás a través del ensayo y error.

Llevo varios años siguiendo este estilo de vida y quiero desmentir algunos mitos, como que es extremo, difícil o un compromiso, o que debe seguirse al pie de la letra. La idea es que encuentres lo que mejor te funciona; no te marques como objetivo el «residuo cero» porque es casi inalcanzable. Mantén la motivación y no te conformes con reciclar un poco mejor. En nuestro sistema lineal de «coger, usar, tirar» es imposible no generar ningún residuo. No todos los residuos se crean igual, y creo que es positivo reflexionar sobre la clase de residuos que generamos. A mí me gusta el término «residuo cero» porque me anima a pensar: «¿Qué más puedo hacer?». Si prefieres «pocos residuos» o «menos residuos», perfecto. ¡Lo importante es que funcione!

Cómo Utilizar Este Libro

Todos llevamos una vida distinta, con necesidades distintas, así que lo que a mí me funciona en un Londres lluvioso quizá no le sirva a alguien que viva en el trópico en la otra punta del mundo. Mira a tu alrededor, utiliza los sistemas de recogida de basura de tu ciudad y crea tus propias normas, siempre de acuerdo con tus valores, tu situación vital y tu presupuesto. No existe una teoría universal que pueda aplicarse a rajatabla, ni hay unas normas establecidas que puedan romperse. Es tu viaje, y tú decides hasta dónde quieres llegar.

El libro está dividido en cuatro partes; en la primera encontrarás los cambios que debes hacer durante seis semanas (o el tiempo que necesites) para adoptar hábitos que te permitan generar menos residuos.

Después, te mostraré cómo es una vida sin residuos. Te daré ejemplos de cómo incorporar esta filosofía de vida en distintas situaciones, como durante una cena con amigos o familia, eventos y viajes. Y, en la tercera parte, he recopilado mis recetas favoritas en relación con la comida, la limpieza y la belleza. Y, al final, tendrás una lista de productos, servicios y recursos que pueden serte útiles.

Terminología del residuo cero

A granel Debo reconocer que no estaba familiarizada con este término y que me sonaba arcaico y fuera de uso. Sin embargo, se ha recuperado y se utiliza para referirse a la compra de bienes secos, aceites, vinos o vinagres que vienen sin envase ni embalaje. Si no dispones de un supermercado cercano que te permita rellenar tu propio envase, esta puede ser una muy buena opción, siempre y cuando tengas espacio de almacenaje suficiente para guardar dichos alimentos. No nos engañemos: lo más sostenible sería que cada cual tuviera sus propios recipientes y envases y los fuese rellenando porque, de este modo, solo compraríamos lo que necesitamos, crearíamos nuevos hábitos de consumo y fomentaríamos una economía más sostenible. Es emocionante ver que muchas marcas famosas ofrecen recambios como parte de su política empresarial y que cada vez hay más dispensadores a granel en muchos supermercados.

Tara Es el peso de un envase o recipiente vacío. Cuando llevas tus propios botes o bolsas de tela a una tienda, la mayoría calcularán la tara del envase en la báscula antes de llenarlo del producto en cuestión. En muchas tiendas a granel, puedes pesar el recipiente vacío tú mismo y apuntar el peso de la tara para que, cuando vayas a pagar, lo descuenten del precio. Sea como sea, siempre se restará el peso del recipiente del peso total, de forma que solo pagas lo que has cogido. Tal vez no todas las tiendas ofrezcan ese servicio (aunque lo dudo); si ese fuese el caso, usaría bolsas de tela porque apenas pesan, así que el coste total no se desviaría mucho. Hay tiendas que incluso te hacen descuento por traer un recipiente reutilizable.

Ventajas

Aunque llevar un estilo de vida sin residuos implica reducir la cantidad de residuos que generamos, quiero recalcar que ha sido una grata sorpresa darme cuenta de que, al introducir ciertos cambios, también he ahorrado dinero, mejorado mi salud, reforzado la confianza en mí misma y logrado vivir de acuerdo con mis valores. Debo reconocer que, pese a que me aseguraran que mi forma de vida no sirve para nada y que no ayuda en absoluto a reducir los residuos del planeta o a paliar los problemas medioambientales, seguiría viviendo así. Es mucho más sencillo, fácil y gratificante que tratar de seguirles el ritmo a la comodidad y la conformidad.

Ahorrar Dinero

Dejar de comprar revistas, productos de limpieza caros, compresas y tampones desechables, papel de cocina, papel de aluminio y papel film e invertir en productos de segunda mano en lugar de nuevos son una buena estrategia para ahorrar dinero. En muchos casos, comprar comida a granel es mucho más asequible y económico que comprarla envasada, aunque a primera vista pueda parecer lo contrario. Recuerda que la comida barata es barata por algún motivo. Y aunque al final termines gastando un poquito más en comida, si pones en una balanza lo que te estás ahorrando con otros cambios de rutina, verás que en términos generales sí compensa. Este estilo de vida también te anima a aprovechar hasta la última migaja de pan, ya que los restos se pueden convertir en abono muy nutritivo para la tierra. Sea como sea, ¡siempre ganas!

Mejorar la Salud

Para mí, uno de los efectos secundarios más inesperados de vivir sin residuos fue justamente este. No estaba enferma, pero noté una mejora radical en mi sentido del olfato, por ejemplo, al no estar tan expuesta a productos de limpieza químicos, perfumes sintéticos y artículos de higiene personal con aromas fuertes. Ya casi no tengo resfriados ni sufro gripes. Mi marido también ha notado la diferencia y creemos que los productos de limpieza químicos y sintéticos nos provocan dolores de cabeza y, en su caso, una opresión en el pecho. Hace poco fuimos a visitar a la familia, que vive en plena naturaleza, donde el aire es limpio y fresco, pero aun así a él le costaba respirar por los productos de limpieza que habían utilizado. Les echó un vistazo a los ingredientes de los productos y se quedó helado al descubrir que todos provocaban problemas respiratorios.

Es triste saber que nuestro cuerpo era inmune a los terribles efectos de esas sustancias químicas. Las empresas usan el término «fragancia» para enmascarar lo que realmente contienen sus productos, pues la esencia se considera un «secreto empresarial». No tenemos ni idea de qué contienen los productos que nos echamos en el cuerpo o utilizamos en casa a diario.

Hemos simplificado nuestra lista de productos de limpieza a vinagre blanco, bicarbonato de sodio y lavavajillas líquido rellenable. Ahora elegimos aquellos artículos de higiene personal que solo contienen ingredientes naturales. No compramos velas perfumadas, ni ambientadores, ni productos con aroma sintético, como cremas corporales. El único perfume que utilizo de vez en cuando está hecho de alcohol orgánico y aceites esenciales (y puede rellenarse).

Además, intentamos comer menos procesados porque apostamos por la comida real, es decir, de temporada, de

Ventajas

proximidad y, en su mayoría, cultivada sin pesticidas sintéticos.

El Gobierno británico ha confirmado que la mitad de la comida contiene residuos de pesticidas[5] y que en muchos casos los residuos provienen de más de un pesticida. No me siento cómoda exponiéndome a esos productos tres veces al día, cada día, por mucho que los expertos me aseguren que son inocuos y seguros. Como la mayor parte de la comida preparada o para llevar viene con demasiados envases, no solemos comprarla y eso se traduce en un menor consumo de conservantes, sabores artificiales, colorantes alimentarios, potenciadores del sabor y azúcares añadidos.

Investigadores australianos han hallado un vínculo entre la comida con envase de plástico y el aumento de casos de enfermedades cardiovasculares, diabetes tipo 2 y presión sanguínea alta en hombres.[6] Otra razón de peso para reducir la cantidad de comida envasada que ingerimos a diario.

Al priorizar productos hechos de materiales naturales o de segunda mano, también estamos reduciendo nuestra exposición a sustancias químicas dañinas que pululan por nuestra casa[7].

Reducir el Desperdicio Alimentario

Hay quien defiende que los envases ayudan a combatir el desperdicio alimentario, ya que impiden que la comida se pudra de inmediato y dure más tiempo. No estoy de acuerdo con esa afirmación. Creo que el uso de envases permite un sistema poco sostenible que consiste en transportar comida de otro continente, lo que suele provocar que se desperdicien grandes cantidades de comida, ya sea en los hogares o en los contenedores de supermercados.

Según las cifras publicadas por el Programa de Acción de Residuos y Recursos de Reino Unido, (WRAP, por sus siglas en inglés), los británicos tiramos el 40 por ciento de las lechugas envasadas que compramos. ¡Qué despilfarro! Esas hojas se han cultivado en otro país, se han envasado en bolsas desechables de plástico con gas nitrógeno, han volado hasta la otra punta del mundo, después se han marchitado o podrido en un par de días en nuestra nevera y han acabado en el cubo de basura. Los envases están diseñados para proteger al fabricante, no la comida que contienen. Es mucho mejor comprar una lechuga que ha sido cultivada al lado de casa y que, aunque no dure mucho en la nevera, podemos utilizar para varias comidas (¡y además es más sabrosa!).

Los envases que contienen comida suelen incluir un «consumir antes de», lo que también contribuye al desperdicio alimentario. La mitad de la comida que tiramos aún se puede comer y, según la Comisión Técnica de Seguridad de Productos, las fechas de caducidad no son un dato fiable para saber si un producto se puede comer o no. Yo también era de las que miraba las fechas de consumo preferente y tiraba todo lo que estaba «caducado». Ahora me fío más de mis sentidos —tacto, olfato y vista— para saber si un producto debe ir directo al cubo de compostaje o no, y me enorgullece decir que en los últimos cinco años no he comido nada que me haya sentado mal. Ni un solo retortijón. También me ha ayudado a reconectar con la comida, a valorar lo que es de temporada y a saber cuánto dura cada producto.

Más Tiempo de Calidad

La mayoría de la gente cree que una vida sin residuos es un engorro que implica tiempo y esfuerzo. La verdad es que al principio puede parecerlo, sobre todo cuando cambias ciertos hábitos y averiguas dónde hacer la compra, dónde ir a cenar o dónde encontrar productos de belleza orgánicos. Una vez resolví todos esos temas, me di cuenta de que disponía de más tiempo libre y de que, además, disfrutaba haciendo la compra familiar. Limpiar también es más fácil gracias al orden que reina en casa y porque los productos de limpieza son más versátiles y, por lo tanto, más fáciles de usar.

Ya no echo a perder las tardes del sábado comprando cosas que no necesito para entretenerme o pasar el tiempo. En lugar de eso, salgo a comer con amigos y familia, aprendo cosas nuevas (apicultura, tallar cucharas de madera, ¡tocar la armónica!) y doy largos paseos por el campo con mi marido.

Ya no tengo que ordenar montañas de recibos (salvo cuando hago la declaración de la renta), panfletos y correo basura (aunque todavía hay alguno que se cuela en mi buzón) o pilas de documentos y facturas (casi todos se pueden consultar por Internet).

Ahora soy más organizada, ya que tengo que prever ciertas cosas; hacer una planificación no solo es una manera de aprovechar el tiempo, sino que me hace sentir más tranquila y con la sartén por el mango.

Aprender Cosas Nuevas

Desde que llevo una vida sin residuos, mi capacidad y habilidad para hacer cosas ha mejorado, ya que ahora entiendo mejor cómo están hechas o fabricadas.

Gracias a este estilo de vida también he mejorado mis aptitudes comunicativas. Soy una persona tímida por naturaleza y solía pasar un bochorno terrible cuando tenía que pedirle cualquier cosa a alguien, como cortar una loncha de queso, por miedo a molestarlos o importunarlos. Para generar menos residuos he tenido que salir de mi zona de confort para pedirle al vendedor que, en lugar de envolver la cuña de queso en papel, la meta en mi bolsa de tela. Con este sencillo cambio he afianzado la seguridad en mí misma y he establecido una relación cordial con personas a las que veo cada semana.

También ha alimentado mi curiosidad por saber más cosas sobre el planeta; devoro libros y me encanta aprender cosas nuevas. Si te gustan los retos, y cumplirlos, este estilo de vida está hecho para ti.

Vivir en Coherencia con tus Valores

Durante muchos años he tenido la sensación de llevar una vida de compromisos. Odiaba comprar productos con envases de plástico, pero ignoraba que hubiese una alternativa, otra forma de vivir. Sabía que las sustancias químicas de los productos de belleza y limpieza que usaba no podían ser buenas para mi salud, pero no me veía capaz de cambiar todas esas cosas porque tampoco conocía las opciones que me ofrecía el mercado. Decidí no volver a comprar productos con envases innecesarios, dejar de contribuir en el sistema de artículos desechables e invertir mi dinero en bienes y servicios que estuviesen en consonancia con mis valores, lo que me proporcionó una sensación de control y de libertad.

He notado que, cuando la gente se acuerda de coger su taza de café reutilizable o de llevar su bolsa de tela y rechazar la de plástico, se siente orgullosa y satisfecha. Reconozco que el sentirse bien con uno mismo es un poco adictivo.

Desmontando Mitos

No Puedes Comer Carne

Cuando empecé a compartir la aventura de llevar un estilo de vida sin residuos, me sorprendió leer comentarios de gente que aseguraba que mi esfuerzo sería en vano si seguía comiendo carne. Todo el mundo tiene su propia opinión sobre lo que «se debería» hacer, pero, al fin y al cabo, depende de ti. Por ejemplo, después de trece años siendo vegetariana, mi cuerpo empezó a apagarse. Estaba cansada y tenía hambre a todas horas. Cada célula de mi cuerpo estaba pidiéndome carne y pescado a gritos y, desde que empecé a ingerir productos animales, me siento más sana y feliz. Por favor, no te sientas obligado a seguir una dieta determinada, ni tampoco culpable. Tú eliges qué comes y cómo lo comes y, si te interesa el tema, te animo a que leas y te informes sobre él, a que cuestiones algunos «hechos» y a que escuches a tu propio cuerpo.

He aprendido muchas cosas sobre el sistema alimentario y el medioambiente y creo que deberíamos prestar mucha más atención a la salud de la tierra de cultivo. Los animales juegan un papel crucial en crear terrenos sanos que, a su vez, pueden aislar el carbono y producir alimentos nutritivos sin la necesidad de usar productos químicos. El problema no son los animales, sino los sistemas que utilizamos para labrar y trabajar la tierra. Podría hablar del tema varias horas, pero me limitaré a decir que debes ser fuerte y hacer lo que creas conveniente para tu cuerpo, tu presupuesto y el medioambiente.

Desmontando Mitos

Debes Ser Minimalista

Un mito bastante extendido es que, para llevar una vida sin residuos, debes apostar por el minimalismo. Debes aprender a meditar y valorar lo que debe entrar en tu vida y lo que no, lo que suele llevar a ser más minimalista, pero no es un requisito indispensable. Hay a quien le gusta estar rodeado de cosas que aprecia o valora. El problema viene cuando nuestras cosas nos «asfixian» y dejamos de disfrutar de ellas. Se convierten en tareas tediosas y le añaden más estrés a nuestra vida. El verdadero peligro es cuando compramos bienes materiales para llenar un vacío emocional, para reprimir sentimientos o para distraernos y matar el aburrimiento.

Las redes sociales están llenas de casas minimalistas cuyos propietarios llevan un estilo de vida sin residuos, pero haz lo que a ti te funcione. Al principio traté de simplificar lo que tenía, pero me arrepentí cuando me di cuenta de que solo tenía una cuchara de madera en la cocina.

Solo Compras de Segunda Mano

La mayoría de la gente que vive sin generar apenas residuos fomenta el comercio de segunda mano. Y estoy de acuerdo, pero no siempre es una opción para todo el mundo. En mi humilde opinión, no hay nada de malo en comprar algo nuevo, siempre y cuando sea necesario, esté fabricado por una empresa preocupada por el medioambiente y se pueda reparar o reciclar fácilmente. El problema es el ritmo desenfrenado y la cantidad de cosas nuevas que compramos. La moda rápida, por ejemplo, nos anima a comprar un modelito nuevo cada semana. La ropa suele estar fabricada con materiales sintéticos de mala calidad que destruyen el medioambiente, tanto cuando se fabrican como cuando se desechan. La moda rápida es tan barata que la gente prefiere comprar una prenda nueva que arreglar las que tiene. Seguir comprando a este ritmo, aunque sean artículos de segunda mano o de materiales orgánicos, es insostenible, y un armario lleno de ropa que no usamos es un desperdicio de recursos muy valiosos.

Reducir la cantidad de bienes materiales que tenemos es crucial, pero reducir los artículos que compramos es igual de importante. Si compras algo nuevo, haz que dure. Me gusta utilizar mi tostadora como ejemplo. Está fabricada en Reino Unido (incluso contiene el nombre de la persona que montó el aparato, ¡gracias Liam!) y es una de las tostadoras más duraderas del mercado. Si por casualidad dejase de funcionar, la empresa puede repararla, a diferencia de la mayoría de las tostadoras disponibles, que están diseñadas para tirarse en cuanto dejan de funcionar. La compramos nueva, y no me arrepiento. Por favor, no te sientas culpable por comprar algo nuevo. Primero piensa si realmente necesitas ese artículo, de qué está hecho, quién lo ha fabricado y dónde terminará.

Tu Vida Gira Alrededor de un Compromiso

Otra idea preconcebida sobre la vida sin residuos es que implica un gran compromiso y que, al privarnos de las muchas y arrolladoras opciones que nos ofrece la vida moderna, dejamos escapar grandes oportunidades. Lo único que puedo decir es que, desde que hice el cambio a este estilo de vida, no siento que me falte nada; de hecho, tengo la sensación de que he ganado mucho en forma de conocimiento, experiencia, habilidades y confianza. Vivir con menos ha hecho que viva más y mejor.

Te Conviertes en una Mula

Por último, mucha gente supone que, al utilizar productos reutilizables, salgo cada día de mi casa con una bolsa enorme llena de botes y tarros «por si acaso». Incluso he visto fotografías en redes sociales de gente con sus kits residuo cero, que consisten en una botella de agua, una taza de café, bolsas de tela, pañuelos, pajitas reutilizables, cubiertos metálicos o de bambú, entre otros. En realidad, suelo meterme en el bolsillo un par de bolsas de tela reutilizables (por si me apetece un cruasán o se me antoja comprar unos frutos secos) y una botella de agua rellenable. Y punto.

Me gusta dejarme llevar y, si no tengo un envase reutilizable a mano, intento ser creativa. Una vez utilicé la botella de agua para guardar las salchichas que compré en la carnicería; había salido a toda prisa de casa y no pensé en que tenía que hacer un par de recados por la tarde. Al carnicero le hizo gracia meter ocho salchichas en mi botellín de agua y empezó a canturrear «*sausage in a bottle*», parodiando el *Message in a Bottle*, de The Police. Soy consciente de que no todo el mundo es como yo, pero haz lo que esté en tu mano y date una oportunidad. Es gratificante y además te permite entablar una maravillosa conversación con alguien y alegrarle el día. Todavía hoy, ese carnicero sigue bromeando sobre lo que ocurrió.

UN PLAN DE SEIS SEMANAS

En este capítulo te propongo algunas tareas semanales para embarcarte en este viaje hacia una vida sin residuos. Si crees que la lista semanal es muy larga (¡o muy corta!), puedes adaptarla y seguir un ritmo más cómodo para ti. No es una carrera de velocidad, y la meta no es conseguir que todos tus residuos quepan en un bote de cristal (aunque, con el tiempo, puede serlo). Haz cambios sostenibles siempre pensando a largo plazo, cambios que te funcionen y sean afines a tu estilo de vida y que, tras varias semanas, pasen a formar parte de tu rutina cotidiana.

Deja la perfección de lado y haz lo que puedas. Aunque solo puedas incluir un puñado de hábitos y artículos reutilizables, ya estarás aportando tu granito de arena. ¡Ha llegado el momento de ponerse manos a la obra y generar menos residuos!

Capítulo 1: un Plan de Seis Semanas

Tareas Sencillas, Cubos y Decir No

Cuando me embarqué en esta apasionante aventura de vivir sin residuos, cometí el gran error de deshacerme de TODO; después me di cuenta de que necesitaba alguna de esas cosas y me arrepentí de haberlas donado. Además, el tiempo y la energía que requiere poner un poco de orden pueden ser tan abrumadores y estresantes que mucha gente se desanima enseguida. No tienes que ser minimalista para llevar este estilo de vida.

Así que, en lugar de vaciar todos los cajones, armarios y estanterías durante la primera semana, intenta centrarte en cosas más sencillas para construir confianza, implementar un sistema de basura eficiente, poner en práctica ciertos hábitos y encontrar tiendas y servicios cerca donde puedas comprar a granel, por ejemplo.

EMPIEZA POR LAS COSAS MAS FÁCILES

LA VERDAD

Siéntate frente al ordenador y piensa en pequeñas y fáciles victorias. Una vez te acostumbres a esos cambios, ya no supondrán ningún esfuerzo y te nacerán de forma natural. No lo tomes como una obligación, sino como una oportunidad de no generar una montaña de residuos y de no tener que lidiar con ella. Dedica un poco de tiempo a pensar lo que podrías lograr durante una hora y después escribe una lista de ideas. A medida que las vayas incorporando a tu vida diaria puedes ir tachándolas.

QUÉ HACER

Los cambios que te propongo a continuación pueden parecer absurdos e insignificantes, pero tienen sentido. Por ejemplo, mi hermano compra papel higiénico de fibras recicladas, se ha adaptado al sistema de recogida selectiva de su Ayuntamiento y se ha acostumbrado a llevar siempre envases metálicos a la carnicería para evitar los de plástico. Ha pasado de llenar tres bolsas de basura a la semana a una. Y esos han sido los únicos cambios que ha implementado.

ANTES DE EMPEZAR

Cancela las suscripciones a revistas. Apenas tengo tiempo de leerlas y, al final, siempre acabo leyendo los artículos *online*. Cancela el pago mensual y listo.

Cámbiate a una eléctrica que proporcione energía verde. Tal vez no parezca un cambio que permita reducir la cantidad de residuos porque no lo ves con tus propios ojos en tu casa, pero el impacto es enorme.

Dirígete a la biblioteca más cercana y hazte miembro para disfrutar de toda clase de libros, revistas, periódicos, publicaciones y demás.

Suscríbete a un servicio que te proporcione música o vídeos *online* y deja de comprar CD y DVD físicos.

Cancela cualquier guía telefónica o catálogo.

Pide que te envíen los extractos bancarios y las facturas por correo electrónico en lugar de por correo postal.

primeros pasos

1 **Contacta con una empresa que distribuya leche en botellas de cristal retornables.**

Dejo las botellas vacías en la puerta y ellos se encargan de recogerlas, limpiarlas y reutilizarlas cada semana. Si no dispones de este servicio en tu localidad, compra leche que venga en botellas de cristal. Si vas al mercado, es posible que acepten botellas vacías y reutilizables. Incluso varios grandes supermercados aceptan botellas de leche vacías. Si prefieres las bebidas vegetales, puedes intentar hacerlas en casa con frutos secos o avena, o buscar alguna empresa local que entregue bebidas vegetales a domicilio en botellas de cristal retornables.

2 **Suscríbete a un servicio de entrega de papel higiénico de fibras recicladas.**

Los rollos vienen envueltos en un papel fácil de reciclar. Hay varias opciones, como los que vienen sin envoltorio o los que se entregan en una caja de cartón (ver la sección Recursos, pág. 214).

3 **Toma medidas para reducir la cantidad de correo basura.**

(ver siguiente página)

4 **Empieza a utilizar tu servicio de recogida de basura local.**

Solicítale los contenedores al Ayuntamiento si es necesario. Intenta averiguar qué opciones de compostaje te ofrece el servicio de recogida. Algunos disponen de compostadores patrocinados. Si puedes hacer compost en casa y aceptas los restos de aquellos que no pueden, introduce tu información personal en una página de compostaje compartido (ver la sección Recursos, página 214).

CÓMO REDUCIR EL CORREO BASURA

Panfletos, propaganda, publicidad… no son más que un despilfarro de recursos materiales y, para ser sincera, son un verdadero engorro, sobre todo cuando intentas esforzarte por no generar tantos residuos en casa. Me quedé de piedra el día que recibí un quitamanchas ecológico envuelto en un montón de plástico.

Dependiendo de dónde vivas, tendrás que investigar un poco para averiguar cómo eliminar tu nombre y dirección del envío automático de propaganda, pero a continuación te explico paso a paso todo lo que hice para reducir la cantidad de correo postal no deseado que cada semana se colaba en mi buzón.

• Imprime o encarga un cartel que ponga bien claro que no quieres propaganda, periódicos o panfletos gratuitos y sitúalo en un lugar visible, encima del buzón, por ejemplo. Aunque no es infalible y habrá quien ignore tu petición, puede ayudar a reducir la cantidad de correo basura que te llega a casa.

• Elimina tus datos personales de las listas de publicidad. Para ello, no te quedará más remedio que tomarte la molestia de ponerte en contacto con las empresas para que borren tu nombre y dirección.

• Si recibes correo que no has solicitado, escribe «devolver al remitente» en el sobre y échalo en un buzón. Contacta con la empresa y pídeles que borren tus datos personales de su lista de envío.

• Elimina tus datos personales del registro público, es decir, de la lista de personas y direcciones que cualquier empresa de publicidad puede comprar para enviar correo basura. Depende de cada país, pero, si es tu caso, cuando rellenes el formulario electoral, marca la casilla que dice que no aceptas que te incluyan en el registro público.

• Cuando te suscribas a una *newsletter* o compres un producto o servicio *online*, asegúrate SIEMPRE de no marcar la casilla relacionada con el envío de publicidad postal y en la que leerás algo parecido a «doy permiso a que mis datos personales puedan facilitarse a terceras personas para que se pongan en contacto conmigo».

¡VE MÁS ALLÁ!

Si has seguido los consejos de la página anterior, échales un vistazo a los residuos que todavía se cuelan en tu casa y mira a ver si puedes eliminarlos. A menos que vivas en una casa con generadores eléctricos en el lugar más remoto del mundo, es muy probable que no puedas librarte de todos los residuos.

• **Empieza a clasificar tu basura.** Descarta cualquier resto de comida porque se pudre enseguida y podría terminar en algo repugnante. Tira esos restos en un contenedor distinto (o en un bote de cristal) durante una semana o un mes, todo depende de hasta dónde quieras llegar.

• **Haz una lista con todo lo que todavía tiras.** Piensa en los restos que generas. ¿Hay alternativas? ¿Se pueden reciclar? ¿Puedes vivir sin ese producto? Recuerda que el objetivo no consiste en eliminar todos los residuos de tu vida. Si no hay una alternativa viable, no pasa nada.

• **Pasa a la acción. Investiga o ten iniciativa.** A veces disponemos de alternativas reutilizables, pero no lo sabemos. Por ejemplo, si eres de los que usa cápsulas de café desechables, plantéate comprar una cápsula metálica reutilizable y rellénala de tu café molido favorito. Aunque recicles las pilas, trata de elegir las recargables. Y recurre a tu red de amigos y familia; quizás alguien tenga un sistema de compostaje que pueda recomendarte.

- **Contacta con empresas que envasen sus productos.** Si has comprado un producto y lo recibes con un envase inapropiado o innecesario, propón cambios positivos que la empresa pueda adoptar (ver pág. 138, consejos para escribir una carta).

- **Informa a la empresa si el producto se rompe.** Si un artículo se rompe y no puedes arreglarlo, contacta con la empresa y expresa tu decepción con el producto.

- **Pregúntale a alguna tienda local si puede ofrecer productos a granel.** Es una muy buena idea, sobre todo si te cuesta encontrar un artículo específico porque para una tienda es fácil encontrar proveedores y distribuidores.

- **Repara lo que llevas tiempo queriendo reparar.** Tal vez se trate de coser un agujerito en la costura del abrigo, o de cambiar la suela del zapato, o de arreglar la pantalla rota de tu teléfono móvil. Busca a un experto en el tema que les dé una nueva vida a tus productos (ver la sección Recursos, pág. 214).

HACER INVENTARIO

Intento hacer inventario cada año, durante el mes sin plástico que se celebra en julio, porque me he dado cuenta de que es un catalizador perfecto para mí; es muy fácil pasar por alto lo que seguimos tirando y los residuos que eso genera. A veces tenemos nuevos productos o servicios a nuestra disposición, pero no somos conscientes porque antes no existían. Recuerda que no se trata únicamente de reducir los envases de plástico; fíjate en todos los envases, incluso en los reciclables.

Por ejemplo, durante el mes de julio:

• Bolsas reciclables. Me fijé en que las bolsas reciclables que nos proporcionaba el servicio de recogida de basura eran de plástico. Solucioné el tema. Devolví todas las bolsas (en el punto de recogida de la biblioteca) y decidí tirar todo lo que reciclaba en bolsas reutilizables que vacío en el contenedor apropiado una vez al mes.

• Espuma de afeitar. Me di cuenta de que la espuma de afeitar de mi marido venía en un tubo de plástico. Abordé el problema comprando una barra de jabón de afeitar que venía envuelta en papel. A él le encantó la idea (¡y además dura mucho más!).

• Chapas de cerveza. Descubrí que las chapas que tenían las botellas de cerveza estaban forradas de plástico. Solucioné el problema al encontrar una tienda que rellenaba botellas de vidrio reutilizables.

• Trapos de cocina reutilizables. Vi que utilizaba trapos de cocina hechos de microfibras de plástico. Reciclé esos paños de cocina y los sustituí por paños reutilizables fabricados con celulosa vegetal biodegradable que, además, puedo compostar.

• Botellas. Me di cuenta de que la botella de vidrio de vinagre que usaba para limpiar tenía un tapón de plástico que, en mi barrio, no se podía reciclar. Le supliqué a la tienda a granel que tengo cerca que empezara a ofrecer vinagre sin envases… ¡y lo hizo! Guardé todos los tapones y se los di a un familiar porque en su barrio sí recogen ese tipo de residuos.

Capítulo 1: un Plan de Seis Semanas

SISTEMA DE CUBOS DE BASURA

LA VERDAD

La mayoría de nosotros tenemos un cubo de basura en la cocina, otro en el baño y, seguramente, otro en cada habitación. Vaciarlos exige tiempo y, si queremos hacer lo correcto, no nos quedará más remedio que separar la basura para poder reciclarla. Es una pérdida de tiempo y de espacio, ¡además de una tarea un pelín asquerosa! Y eso no es todo: artículos reciclables pueden acabar contaminados con comida, productos de belleza o restos compostables, de forma que ya no podrán reciclarse.

Si quitamos todos esos cubos y dejamos solo uno, no tardaremos en acostumbrarnos a clasificar los residuos y a reciclarlos bien. Ya no tiraremos la botella de jabón corporal vacía en el cubo del baño junto con toallitas, pelos sueltos, productos de higiene personal o rollos de papel higiénico. Todo tiene que ir al cubo de reciclaje de la cocina.

QUÉ HACER

Lo más fácil y efectivo para mí es tener un espacio donde colocar los cubos de basura. Elegí la cocina, pero hay otras opciones, como un lavadero, por ejemplo. Depende de dónde vivas, te pedirán tener un cubo para todo lo que se puede reciclar o disponer de varios para separar materiales como el cristal, papel y cartón y metal. Sigue las indicaciones del servicio de recogida y familiarízate con lo que aceptan y en qué condiciones lo aceptan. ¿Debes limpiarlo antes? ¿Aplastarlo? ¿Desenredarlo?

Lo primordial es encontrar un sistema que te funcione; el objetivo aquí es reducir el número de cubos de basura que tienes repartidos por casa y tener uno para cada residuo en un solo lugar.

ANTES DE EMPEZAR

Elige el lugar de tu casa donde quieres tener los cubos de basura, tanto el general, como los de reciclaje y el de compostaje. De esta manera, todos los restos, productos reciclables y compostables acabarán en el cubo correspondiente.

primeros pasos

1 Consigue cubos para reciclar.

Busca un cubo (o varios) para los productos que se puedan reciclar pero que el servicio de basuras de tu ciudad no recoja. Una vez lleno, debes llevarlo a la instalación de reciclaje que tengas más cercana. Por ejemplo, las hojas metálicas de las cuchillas de afeitar, los tapones de aluminio y las tapas metálicas de los botes de cristal pueden reciclarse, pero quizá tengas que llevarlos a un depósito específico si el servicio de basuras no los acepta. No irás cada semana, por supuesto, y al menos servirá para que materiales reciclables no acaben en el vertedero o en la incineradora.

2 Educa a la familia o compañeros de piso.

Explícale a tu familia, o a la persona con quien convivas, el nuevo sistema y enséñales cómo funciona. Al principio, puede parecer que implique mucho esfuerzo y tardaréis un tiempo en acostumbraros, pero tras unas semanas lo agradeceréis. Ya no tendrás cubos repartidos por toda la casa ni tendrás que enfadarte con tu familia o tus compañeros de piso porque no reciclan como es debido.

¡VE MÁS ALLÁ!

Si ya dispones de un sistema de cubos de basura o has conseguido reducir al mínimo los residuos que generas, puedes dar un paso más allá e intentar lidiar con los artículos que son difíciles de reciclar y sin los que no puedes vivir.

- **Ponte en contacto con el Ayuntamiento.** Si no ofrece un servicio de recogida de basura orgánica, pídelo.

- **Busca proyectos de recogida de artículos reciclables.** Para recoger objetos como inhaladores de asma, bolígrafos, tapones de corcho, bombillas y CD, entre otros.

- **Ten una caja a mano para artículos muy difíciles de reciclar.** Puedes hacerlo con amigos o familiares para compartir gastos (ver la sección Recursos, pág. 214), o hazle una propuesta a una tienda para que ofrezca el servicio, sobre todo si vende esta clase de artículos. Auriculares, lentes de contacto, sillas de coche para bebés (no deberían donarse por razones de salud y seguridad), chicles usados (¡sí, contienen plástico!) e incluso las colillas (aunque lo mejor sería dejar de fumar) son cosas que pueden recogerse (por un módico precio) y reciclarse.

- **¿Esos artículos podrían reutilizarse tal y como están?** En lugar de reciclarlos, puedes regalarles esos artículos a amigos que los necesiten o venderlos a través de una aplicación o página de Internet (ver sección Recursos, pág. 214). Tal vez un artista o un alumno de primaria necesiten un puñado de tarros de cristal o viejos CD para sus proyectos.

UN APUNTE SOBRE LAS BOLSAS DE BASURA

Una de mis primeras decepciones fue tratar de encontrar una alternativa a las bolsas de basura que no fuese de plástico. Empecé con las bolsas biodegradables, pero después me enteré de que también están hechas de plástico. Les añaden una enzima que hace que se rompan y se desintegren más rápido, pero siguen siendo de plástico. Existen alternativas compostables y biodegradables, pero lo más probable es que acaben en la incineradora o en el vertedero y, una vez allí, tardarán una eternidad en degradarse por la falta de oxígeno y luz.

Si puedes compostar todos los restos de comida y no añades nada húmedo o mojado, puedes envolver la basura con papel de periódico (ver la sección Recursos, pág. 214; allí encontrarás un vínculo a un tutorial que te enseña a hacerlo). Sin embargo, en mi caso, sigo generando restos de comida que no puedo tirar al cubo de compostaje y, de momento, mi Ayuntamiento no me ofrece el servicio de recogida de basura orgánica, así que he optado por comprar unas bolsas de basura de papel muy resistente hechas de láminas de madera que, de no usarse para esto, se habrían desperdiciado. Hago un pedido al año y, aunque por desgracia vienen en una bolsa de plástico, no me queda otra que resignarme. Al menos utilizo mucho menos plástico que con las otras bolsas. En cuanto el Ayuntamiento ofrezca el servicio de recogida de restos orgánicos, ya no las necesitaré, pero por ahora son la mejor opción que he encontrado.

DECIR NO

LA VERDAD

Nuestros padres nos enseñaron a decirles «no» a desconocidos, ¿verdad? Pues bien, ahora quiero que saques ese niño que llevas dentro y empieces a decir «no», pero esta vez a los residuos. Es uno de los hábitos más sencillos y efectivos, créeme. Decir un simple «no, gracias» a lo que realmente no necesitamos ni queremos puede resultar incómodo e incluso un poco grosero al principio, pero cada vez que rechazamos un artículo de promoción, un regalo que no sirve de nada, una bolsa de plástico o una pajita desechable, estamos diciendo «Por favor, no fabriquéis más productos como este». Al reducir la demanda ahorraremos recursos y, en el futuro, no tendremos que reciclar tanto. A menos que se trate de algo que de verdad, de verdad, de verdad necesites o quieras, intenta no aceptarlo.

QUÉ HACER

Decir no es un hábito al que cuesta acostumbrarse, pero puedes empezar hoy mismo, en cuanto salgas de tu casa. Intenta ser más previsor y adelantarte a los hechos, pero no te preocupes si te olvidas de algo y terminas utilizando un artículo desechable. Es un proceso de aprendizaje y seguro que la próxima vez te acordarás de llevar todo lo necesario. Por ejemplo, si un camarero está preparando tu mesa y pone una servilleta de usar y tirar, siempre puedes decir «¿Sabes qué? No voy a necesitar la servilleta, puedes dejársela a otro comensal si quieres». Plantéate si de verdad necesitas eso, aunque sea una alternativa libre de plásticos, porque a veces no lo necesitamos.

ANTES DE EMPEZAR

Aprende a decir «no». El mero hecho de no aceptar una cosa no debe incomodarte en absoluto. Juega un poco y prueba distintas maneras de hacerlo hasta encontrar la más adecuada para ti. A mí me gusta añadir una pizca de humor si la situación lo permite: «No, gracias. Prefiero salvar el planeta que usar una bolsa de plástico», o un simple y claro «No me hace falta, pero gracias igualmente». Mi único consejo es que recuerdes que mucha gente todavía no es consciente del problema y gritarles o regañarles por ello puede resultar grosero, incluso maleducado. Sé amable y no olvides que están haciendo su trabajo; si muestran curiosidad o insisten en darte lo que están repartiendo, explícales que estás tratando de ser más minimalista y de reducir la cantidad de residuos que generas en casa, o que eres alérgico al plástico o un activista que lucha para salvar el planeta. O invéntate una excusa que sea creíble en ese momento.

primeros pasos

1 **Recibos.**
Más de la mitad contienen BPA y no pueden reciclarse. Hay tiendas que envían recibos y facturas por correo electrónico si el cliente así lo solicita.

2 **Pajitas.**
Tapa el vaso con la mano para añadir un poco más de énfasis.

3 **Tazas de café para llevar.**
Si no tienes una taza reutilizable, siéntate y disfruta de un buen café

4 **Bolsas de la compra de plástico.**
Lleva tus bolsas reutilizables.

5 **Catas gratuitas.**
Suelen servirse en vasos de plástico de un solo uso.

6 **Panfletos y propaganda.**
No los necesitas.

7 **Tarjetas de empresa.**
¡Haz una fotografía!

8 **Cosas que no quieren otros.**
Aunque sean amigos o familiares bienintencionados que quieren regalarte algo, acepta solo aquello que de verdad quieres o necesitas.

9 **Una bolsa de papel para fruta y verdura.**
¡O sin bolsa!

10 **Una servilleta de papel.**
Usa la manga de la camiseta. ¡Era broma! Lleva una servilleta reutilizable y devuelve la de usar y tirar. Si ves que no la puedes volver a usar, tírala en el cubo de compostaje al llegar a casa.

¡VE MÁS ALLÁ!

Si llevas un «no, gracias» escrito en la frente y tu instinto te empuja a no aceptar propaganda y demás artículos gratuitos, piensa qué otras cosas podrías empezar a rechazar, pero solo si te sientes cómodo.

- **Regalos u obsequios.** Es tentador, lo sé, pero casi nunca contienen nada que valga la pena.

- **Muestras gratis con una compra por Internet.** Suelen ser sobres de plástico no reciclables. Si no tienes la opción de declinar el envío de la muestra, envía un correo electrónico y solicita no recibir más muestras.

- **No apoyes tiendas, restaurantes y empresas poco sostenibles.** Fomenta el comercio que se esfuerza por ofrecer artículos y residuos reutilizables.

INVESTIGAR

LA VERDAD

A veces no tenemos ni la más remota idea de lo que tenemos a mano. Pero en cuanto empezamos a buscar opciones a granel o sin envase, vemos alternativas por todas partes. Cada vez hay más tiendas que apuestan por productos y artículos sostenibles, lo cual es maravilloso. Sin embargo, no olvidemos que también podemos encontrar productos a granel en tiendas especializadas, en pequeños negocios familiares, carnicerías, mercados y tiendas de comida sana y ecológica. ¡Hasta los encontramos en los supermercados! Así que, aunque no dispongas de una tienda residuo cero, no tienes excusa.

QUÉ HACER

En pocas palabras, mira qué tienes a mano. ¿Puedes comprar productos sin envases o rellenables en tu ciudad? ¿O tienes que recurrir a tiendas *online*? Fue una grata sorpresa descubrir, después de una rápida búsqueda en Internet, que tenía una frutería ecológica, una carnicería y una charcutería en mi barrio, a diez minutos a pie de mi casa. También encontré vinacotecas donde podía rellenar mis botellas de cristal de vino y cerveza. Había pasado muchas veces por delante, pero nunca me había fijado en ellas.

ANTES DE EMPEZAR

Sal de casa y explora. Busca panaderías, negocios familiares o supermercados y toma nota, o haz fotos, de todos los productos que tienen disponibles sin envases..

primeros pasos

1 **Empieza a diseñar un mapa de las tiendas que más te interesen.**
Sé que preguntar de antemano si puedes llevar tus propios envases es tentador, pero intenta evitarlo. Créeme, lo sé por experiencia. Es más probable que te rellenen tu envase si no los avisas antes. Si lo entregas con un «por favor, sírvame las aceitunas aquí», no van a tener tiempo a negarse o a meditar la respuesta. Hay varios recursos *online* para encontrar tiendas a granel cerca de tu casa (ver la sección Recursos, pág. 214).

2 **Navega por la red.**
Si no dispones de esta clase de servicios en tu localidad o prefieres la comodidad de una entrega a domicilio, ahora tienes varias opciones *online* (ver sección Recursos, pág. 214). Si quieres comprar arroz, harinas, avena o frutos secos, pero no puedes conseguirlos a granel, esta puede ser la oportunidad perfecta para apoyar un negocio que trata de ser sostenible y cambiar las cosas. Suelen ser empresas con bajas emisiones de carbono que envían sus productos con un embalaje mínimo.

3 **Rastrea tu localidad y la red en busca de productos sostenibles.**
Compra productos de belleza y de higiene personal sostenibles y libres de plásticos (ver sección Recursos, pág. 214) o intenta encontrar una tienda que ofrezca esta clase de productos rellenables o en envases retornables o reciclables.

¡VE MÁS ALLÁ!

Siempre hay algo nuevo que descubrir, y este mundillo está en constante cambio. Quizás un servicio o producto que antes no tenías a mano, ahora sí. Dedica un poco de tiempo para estar al día de todas las novedades.

• Empieza a investigar.
Piensa en un producto o un servicio del que no hayas encontrado una alternativa sostenible y haz una búsqueda más exhaustiva. ¿Hay una nueva tienda a granel en tu localidad o un servicio de entrega libre de plásticos?

• Comparte tus descubrimientos con los demás.
Ya sea con amigos o familia, o con quienes forman parte de la comunidad «residuo cero» a través de las redes sociales.

• Busca si hay un grupo de reunión en tu zona y apúntate.
Si te gusta conocer a gente interesada en este estilo de vida, no dejes pasar la oportunidad. Aprenderás muchísimas cosas, créeme.

• Rastrea el vecindario en busca de servicios.
¿Tienes un zapatero cerca? ¿Una tienda de arreglos? ¿Un experto en reparar aparatos electrónicos?

SEMANA 2

HAZTE CON UN KIT RESIDUO CERO

Sé que puede ser tentador esperar hasta tenerlo todo organizado antes de empezar a cambiar ciertas rutinas, como comprar productos básicos sin envases. Al principio puede ser raro, incluso algo incómodo, pero créeme que, con un poco de práctica, acabarás acostumbrándote, sobre todo cuando veas que la respuesta suele ser muy positiva.

Durante esta semana debes averiguar qué artículos reutilizables necesitas, explorar tu localidad y poner a prueba tus envases rellenables. Empieza por lo más fácil y más cómodo para ti y no tengas miedo de probar, equivocarte y aprender durante el proceso.

EL KIT

LA VERDAD

He descubierto que invertir en artículos reutilizables para sustituir los desechables me ha ido de maravilla para lanzarme a este estilo de vida sin residuos, ya que ha facilitado mucho todo el proceso. Además, me emocionaba empezar a usarlos. Si ya tienes algo en casa que puedas utilizar y te apetece hacerlo, no lo dudes y tírate a la piscina. No hace falta que compres algo nuevo, pero tampoco te sientas culpable por comprar un artículo reutilizable, sobre todo si va a ayudar a generar menos residuos a largo plazo. Existe una alternativa reutilizable o compostable para casi todo, así que invierte en artículos que vas a aprovechar.

QUÉ HACER

Decide lo que crees que va a funcionar mejor para ti y empieza a buscar alternativas. Las listas que aparecen en las siguientes páginas contienen alternativas reutilizables o libres de plástico que, en mi opinión, son muy útiles y, a pesar de que suponen un gasto inicial, después de usarlos cinco años puedo decir que la inversión ha merecido la pena. Espero que te sirvan de inspiración.

Las listas no son exhaustivas, sino una simple propuesta. No pretendo que compres todas las alternativas disponibles en el mercado. Es habitual emocionarse y empezar a comprar un montón de artículos que nos ayudan a no generar tantos residuos, pero no compres por comprar. Ese fue el error que yo cometí al principio y luego me di cuenta de que no necesitaba una cuchara metálica plegable o pajitas reutilizables, porque podía usar una cuchara de mi cocina y podía beber un refresco sin pajita.

CAPÍTULO 1: UN PLAN DE SEIS SEMANAS

ANTES DE EMPEZAR

- Haz una lista de los artículos reutilizables que crees que necesitas. Échale un vistazo a tu compra semanal y después decide qué envases te ayudarían a comprar todo eso a granel o sin envase de plástico. Analiza todo lo que compras y solo utilizas una vez: vasos de cartón para llevar, botellas de agua, bolsas de té, toallitas desmaquillantes y toda la comida que viene envasada en plástico.

- Antes de comprar algo nuevo, mira a ver si tienes algo en casa que pueda servir. Pregúntales a amigos o familiares si tienen ese artículo que tú necesitas y ellos no usan. ¿Y si te coses tus propias bolsas de tela con camisas viejas? ¿Y si aprovechas las bolsas de tela de los zapatos? ¿Tienes algún tarro de cristal que puedas utilizar en lugar de comprar uno nuevo?

- Si no tienes más remedio que comprar algo nuevo, invierte en artículos que vayas a usar mucho y que te ayuden a ahorrar dinero. Los productos de higiene personal reutilizables se amortizan en un par de meses. ¿Compras agua embotellada a diario? Pues ha llegado el momento de usar una botella de agua reutilizable y ahorrarte unos céntimos (ver sección Recursos, pág. 214, tiendas *online*).

- Sensatez. ¿Ese artículo reutilizable lo necesitas de verdad? ¿O no comprarlo sería la solución más sostenible y más asequible?

primeros pasos

1 Invierte en una botella de agua reutilizable.
Es la mejor opción si quieres hidratarte a lo largo del día. La mía es de acero inoxidable.

2 Lleva bolsas de tela reutilizables.
Nunca salgo de casa sin una o dos bolsas de tela metidas en el bolso. ¿Te apetece un croasán? ¿Te acabas de acordar de que te has quedado sin avellanas? ¡Despliega tu bolsa de tela y llénala! Y di algo como: «Si no hay inconveniente, meteré las avellanas aquí. No necesito bolsa, gracias».

3 Empieza a coleccionar tarros de cristal.
Son perfectos para comprar charcutería y para guardar alimentos en casa. Prefiero los de cierre con clip, que vienen con una junta de goma natural y que he comprado en tiendas de segunda mano, pero si no tienes una preferencia concreta, busca en casa o pregúntale a algún amigo.

Capítulo 1: un Plan de Seis Semanas

PARA LLEVAR

Nuestra rutina diaria genera muchísimos residuos: una botella de plástico, un café para llevar, bocadillos envasados y una bolsa de plástico por cada compra que hacemos. Las alternativas reutilizables nos ayudan a evitar residuos innecesarios y, además, son más bonitas que las desechables.

Estos son los artículos que me han parecido más útiles:

Una botella de agua reutilizable.

Una taza reutilizable. Suelo tomarme un café o un té cuando salgo de casa, así que siempre la llevo conmigo. Si almuerzo fuera y no tengo ningún otro envase, también me sirve para guardar restos y sobras de comida.

Bolsas de tela reutilizables. Si tienes retales, puedes coserlos y hacerte una propia, pero también las puedes comprar *online* o en tiendas ecológicas. Tengo varias bolsas de tela, todas de tamaños distintos, algunas hechas por mí misma y otras compradas. Pésalas vacías y escribe o borda el peso en la bolsa; así, siempre que sea posible, te restarán el peso de la bolsa y solo pagarás por lo que hay dentro.

Servilletas reutilizables. Casi siempre llevo una en el bolsillo o en el bolso. Prefiero las de mayor tamaño porque también pueden servir como bolsa de tela de emergencia (¡si está limpia!).

Una bolsa de la compra reutilizable. Es muy práctica para hacer la compra y así evitarás el uso de bolsas de plástico.

Otros artículos reutilizables que pueden ser de gran utilidad:

Set de cubiertos reutilizables. Una opción genial si compras desayuno o almuerzo para llevar.

Fiambrera reutilizable. Para llevar tu comida preparada.

Una pajita de bambú, silicona, cristal o metal. Por si quieres tomarte algo con pajita.

PARA LA COMPRA

Esto es lo que utilizo para hacer la compra. Algunos de estos recipientes los uso para fruta, verdura y carne, que compro una vez a la semana, y otros para conservar productos secos. Una vez al mes, relleno botellas de vidrio con aceite y vinagre a granel.

3 envases herméticos, metálicos y reutilizables. Para comprar carne. Uno debería ser lo bastante grande como para que quepa un pollo.

15-20 bolsas de tela reutilizables. De distintos tamaños, para comprar pan, productos secos (arroz, avena y granos de café) y frescos (tomates y champiñones).

20 tarros de cristal reutilizables. Para comprar frutos secos o conservarlos en casa. Los compro a granel en una bolsa de tela y los echo directamente en un tarro de cristal. A veces llevo uno o dos para comprar mantequilla de cacahuete o miel a granel.

2 bolsas de la compra reutilizables. Una para latas y otra para todo lo demás.

Botellas de cristal. Tengo varias para rellenar con aceite, vino y vinagre, o para comprar productos de limpieza líquidos

PARA EL BAÑO Y LA HIGIENE PERSONAL

Tardarás un tiempo en saber lo que realmente necesitas, pero puedes empezar por la lista de alternativas fáciles, reutilizables y libres de plástico que aparece a continuación.

Envase para hilo dental rellenable. Otra alternativa es enrollar el hilo de seda sin usar envase.

Cepillo de dientes de bambú/madera.

Botellas de vidrio con dispensador de plástico. Para rellenarlos de champú y acondicionador.

Jabonera metálica. También se puede utilizar de viaje.

Limpiador de oídos. Para sustituir los bastoncillos de algodón desechables.

Pinzas metálicas.

Cortaúñas metálico.

Palillos dentales metálicos y reutilizables.

Toallas faciales de muselina orgánica reutilizables.

Especiero metálico. Para el bicarbonato de sodio, un blanqueador dental natural.

Accesorio de bidé. ¡Para los valientes que se atrevan a dejar el papel higiénico!

Recipientes de cristal o metal reutilizables. Para guardar bálsamo labial casero o para viajar.

Maquinilla de afeitar de acero inoxidable.

Cuchillas metálicas para afeitar. Se venden individuales, envueltas en papel y en una caja de cartón.

Copa menstrual. También hay compresas y tampones reutilizables o braguitas absorbentes reutilizables, diseñadas para cuando tienes la menstruación.

PARA LA COCINA

Empecé a cambiar los artículos de usar y tirar más importantes; sustituí las bayetas desechables por reutilizables, las servilletas de papel por las de tela, las bolsas de té por un infusor y compré varios frascos de cristal para guardar y conservar los productos que compraba a granel.

Trapos de cocina reutilizables. Evita los de microfibra porque sueltan partículas de plástico cuando los lavas.

Cepillo de madera para platos y botellas.

Estropajo/esponja de acero inoxidable.

Infusor de té reutilizable. Comprar las hojas de té a granel es una opción genial, ya que la mayoría de las bolsas de té contiene plástico.

Servilletas de tela.

Frascos de cristal. Para guardar frutos secos.

Cafetera de émbolo metálica. Si tienes una cafetera de cápsulas, te aconsejo que inviertas en una versión de metal que puedes llenar con café molido que, por cierto, encontrarás a granel.

UN APUNTE SOBRE LOS ARTÍCULOS DE LIMPIEZA REUTILIZABLES

Creo que podría saltarme esta parte, pero prefiero mencionarla. Por favor, utiliza el sentido común y una buena higiene cuando uses artículos reutilizables. Mantén los envases y recipientes limpios y secos y lava las bolsas de tela después de cada uso. Cambia los paños de cocina al menos una vez a la semana. Planchar las compresas reutilizables las esteriliza y, si utilizas copa menstrual, sumérgela en agua hirviendo con bicarbonato de sodio durante 10 minutos y guárdala en una bolsa limpia hasta el siguiente ciclo.

Usa el lavavajillas para esterilizar los frascos de cristal y recipientes reutilizables siempre que lo necesites. Si no tienes lavavajillas, friégalos a mano con detergente para platos. Para esterilizar frascos de cristal y tapas herméticas sin lavavajillas, mételos en un cazo con agua hirviendo durante 10 minutos o en el horno, en una bandeja a 110°C y durante 30 minutos.

¡VE MÁS ALLÁ!

Si ya te has hecho con una buena colección de artículos reutilizables, mira a tu alrededor e intenta encontrar en qué otros sectores podrías sustituir los productos desechables.

- **¡Que corra la voz!**
No seas tímido y explícales a todos tus seres queridos lo bien que uno se siente al usar artículos reutilizables.

- **Ponte en contacto con una escuela y pídeles que animen a los alumnos a traer botellas de agua reutilizables.**
Y, para la próxima fiesta escolar, proponles que instalen un puestecito de venta de artículos reutilizables.

- **Pon a prueba tu creatividad.**
Puedes crear artículos reutilizables muy bonitos, como bolsas de tela o envoltorios de cera de abeja y regalárselos a amigos o incluso venderlos.

- **Piensa en tu lugar de trabajo.**
Fíjate en cuántos artículos desechables se utilizan. ¿Existen alternativas reutilizables? ¿Podrían sustituir las tazas de café de usar y tirar por unas reutilizables?

FUERA DE CASA

LA VERDAD

Con un poco de suerte, a estas alturas ya habrás averiguado qué tienes disponible en tu localidad y ya habrás invertido en varios artículos reutilizables o habrás encontrado algunos en el fondo del armario de la cocina. Bien, pues ha llegado el momento de salir al mundo exterior y empezar a adoptar otros hábitos, como el de rellenar o recargar nuestros bienes.

La mayoría de las tiendas a las que suelo ir ya están acostumbradas; les entrego mis frascos, latas o bolsas de tela y ellos meten la comida directamente ahí. Siempre me tomo la molestia de charlar con la persona que me está atendiendo, les pregunto qué tal les ha ido el día e intento ser educada y amable, lo que, de vez en cuando, me trae alegrías. Algún día el carnicero me regala un par de salchichas, por ejemplo, y el panadero me echa un bollo de chocolate de más en la bolsa de tela. Y hay camareros que, al ver la taza reutilizable, me dejan tomar el café en el bar, aunque sea para llevar.

También es una buena forma de entablar una conversación. Siempre que llevo mis recipientes reutilizables o bolsas de tela a una tienda hay alguien que se acerca y dice «¡Qué buena idea!» o me pregunta dónde he conseguido esos artículos; un día me armé de valor, entré en el supermercado al que suelo ir a hacer la compra y le comenté al responsable que, al parecer, los clientes estaban interesados en comprar artículos reutilizables como los míos. De hecho, gracias a un comentario como ese, la frutería del barrio los vende y además ha colgado varios carteles para animar a la clientela a llevar los suyos. Mi carnicero de confianza dice que ahora hay más gente que lleva sus propias hueveras y que incluso se ha topado con más de un cliente que lleva recipientes reutilizables para la carne. Si eres cliente habitual de una tienda y conoces a los trabajadores o a los dueños, es mucho más fácil hacer propuestas o sugerencias. ¿Crees que considerarían la opción de vender frutos secos a granel, por ejemplo? ¿O de ofrecer productos de limpieza rellenables? No le tengas miedo a darles ideas de lo que te gustaría encontrar en sus negocios. Ya sabes lo que reza el dicho: «El cliente siempre tiene la razón».

QUÉ HACER

Un truco muy fácil para acordarte de llevar tus artículos reutilizables cada vez que salgas de casa es añadirlos a tus básicos e imprescindibles; por ejemplo, antes de poner un pie fuera de casa, repaso la lista mental de cosas que no puedo olvidar: teléfono, cartera, llaves. Pues bien, añadí «botella de agua y bolsa de tela» a la lista y, aunque parezca una tontería, ¡funciona! Encuentra un método que te funcione. Si eres de los que preparas la bolsa el día antes, deja esos artículos reutilizables al lado para acordarte de cogerlos antes de salir.

Para mí, uno de los aspectos más bonitos y gratificantes de intentar generar menos residuos ha sido apoyar a tiendas pequeñas e independientes, como el frutero y el carnicero de mi barrio. Después de varios años, ya los conozco por su nombre y, cuando paso a comprar, disfrutamos de una charla amena y divertida. Si lo comparamos con los pasillos fríos, desalmados, demasiado iluminados y a rebosar de productos, la experiencia es totalmente distinta. Ir a hacer la compra ya no supone una obligación tediosa, ¡sino un momento divertido!

ANTES DE EMPEZAR

Planear con antelación, eso es lo que marcará la diferencia.

Haz un esfuerzo por acordarte de llevar algunos artículos reutilizables siempre contigo. ¡No tienes que llevarlos todos! Organízate para prever si vas a tomarte un café para llevar de camino al trabajo o si vas a almorzar un bocadillo y coge tu taza de café reutilizable y una bolsa de tela.

primeros pasos

1 **Pídele a quien te atienda que ponga tus productos en tu recipiente o envase.**
Lleva un recipiente reutilizable a la carnicería, charcutería o supermercado local y pide que te sirvan los productos directamente en el recipiente, sin usar envases de plástico.

2 **Intenta rellenar o reponer los frutos secos o aceites en tu tienda a granel local.**
Haz una lista, coge varias bolsas de tela, frascos de cristal y recipientes metálicos y llénalos de lo que necesites. Si te incomoda hacerlo todo de golpe, empieza con solo un producto de la lista.

3 **¡Conviértete en cliente habitual!**
Es más fácil que un negocio familiar se adapte a tus peticiones, ya que necesita fidelizar y conservar a la clientela. Así no tendrás que dar explicaciones la próxima vez que vayas a comprar.

CÓMO HAGO LA COMPRA

Al principio, la idea de hacer la compra con artículos reutilizables puede intimidar un poco. No nos engañemos: comprar en supermercados *online* es fácil, rápido y además te entregan el pedido en la puerta de casa, pero esa comodidad suele conllevar un exceso y abuso de envases y embalajes de plástico.

Es muy probable que las primeras veces que pidas que te sirvan lo que estás comprando en un recipiente o bolsa de tela te sientas un pelín incómodo. Sé educado, saca el sentido del humor y no sufras. No tienes que justificarte con todo lujo de detalles, a menos que te lo pregunten. Piensa en una frase corta y amable que creas que puede funcionar. Yo siempre digo algo como «¿Podrías poner las manzanas directamente aquí, por favor?», y entonces le paso una bolsa de tela. Si veo que van a usar un papel o una bolsa de plástico, añado «Oh, no te preocupes, con esto me basta. ¡Estamos en plena campaña de reducción de residuos en casa!». A continuación te explico cómo y cuándo hago la compra.

CADA SEMANA

La mayoría de las semanas compro carne, fruta, verdura, pan, queso, mantequilla, yogur y salsa de tomate italiana. Voy a la tienda ecológica de mi barrio con tres recipientes reutilizables (uno más grande porque compro un pollo entero y dos más pequeños para el resto de la carne de la semana), cuatro o cinco bolsas de tela reutilizables, dos hueveras de cartón vacías que guardo para reutilizarlas y dos bolsas de la compra donde lo meto todo para llevarlo a casa.

Le entrego los recipientes al carnicero y, mientras me prepara la carne, mantenemos una charla agradable durante la que algún cliente curioso me pregunta de dónde he sacado esos recipientes y me felicita por haber tenido una idea tan brillante. ¡Nunca me canso de esto! El carnicero pesa el recipiente vacío, después coloca la carne dentro y resta el peso del recipiente. Solo pago por lo que me llevo (¡e incluso a veces me hace un descuento!).

Lleno las hueveras de cartón con huevos sueltos.

Utilizo una bolsa de tela grande para las barras de pan, aunque también puedes utilizar una funda de almohada, por ejemplo.

La fruta y la verdura van directas a la bolsa de la compra. Utilizo las bolsas de tela de menor tamaño para productos pequeños o delicados, como champiñones, tomates y ciruelas, cualquier cosa que pueda aplastarse con facilidad.

Compro mantequilla envuelta en papel encerado, que puedo lavar y después

Capítulo 1: un Plan de Seis Semanas

compostar (¡hablaré de compostaje más adelante!). El yogur y la salsa de tomate son los únicos dos productos que compro en envases de cristal. En mi ciudad hay una tienda que vende yogur en frascos de cristal retornables, pero me pilla bastante lejos de casa, así que, por desgracia, no puedo ir cada semana. También he intentado hacer mi propia salsa de tomate casera, pero vivo en un apartamento diminuto y no puedo almacenar tantos frascos de cristal.

CADA MES

Una vez al mes hago una excursión a todas las tiendas especializadas o a granel para comprar productos que tardan meses en caducar. Son tiendecitas de barrio que no venden ningún producto con envase, sino con dispensadores o directamente de un saco, así que solo compras la cantidad que necesitas. Si no tienes una tienda a granel cerca de casa, prueba con las tiendas ecológicas porque suelen tener una sección a granel.

Siempre llevo entre diez y quince bolsas de tela para productos secos, como pasta, arroz, avena, granos de café, chocolate, frutos secos, semillas y maíz para palomitas. Uso la báscula para pesar las bolsas de tela y los recipientes que llevo para que me resten la tara (ver pág. 27) y después los lleno.

Uso botellas de cristal para el aceite de oliva, vinagre, lavavajillas líquido y, a veces, sirope de arce.

Lleno los tarros de cristal herméticos con mantequilla de cacahuete (que preparan de forma tradicional y casera), detergente en polvo, especias y hojas de té.

Algunas tiendas a granel te piden que anotes el código PLU, que identifica qué producto es. Puedes escribirlo en un trozo de papel o hacer como yo y tomar una foto con el móvil y mostrarla en caja.

Cuando compro vino o cerveza, tengo que ir a una tienda distinta y llevar una botella de cristal. Trato de hacerlo en días distintos, para no volver a casa tan cargada.

Lo meto todo en dos bolsas de la compra reutilizables y me lo llevo a casa. Siento que debo mencionar que siempre utilizo transporte público; quiero que sepas que llevar envases y recipientes reutilizables, aunque estén llenos, no implica ir cargado como una mula. Simplificar y planear la compra con antelación puede hacer que sea una tarea más divertida y amena, y además podrás reducir tu cuota del gimnasio porque vas a hacer mucho ejercicio.

¿NO HAY GRANEL? NO HAY PROBLEMA

Cada vez hay más tiendas y negocios que ofrecen productos a granel, pero todavía oigo a gente que asegura que no dispone de establecimientos de este tipo cerca de casa. Si ese es tu caso, te propongo algunas ideas que pueden ser útiles.

• Compra al por mayor. Si tienes suficiente espacio de almacenaje en casa, no lo dudes y compra al por mayor todo lo que sepas que vas a utilizar, como avena, arroz, pasta, legumbres, aceite de oliva y detergente en polvo.

• Opta por envases sostenibles, como el cristal, el metal, el cartón o el papel, y apuesta por materiales que puedes reciclar. Los mercados semanales o las tiendas especializadas suelen ser la mejor opción.

• Suscríbete a una caja de fruta y verdura. Si no tienes un mercado cerca o no puedes comprar fruta suelta, sin envasar, apúntate a un servicio de entrega a domicilio de fruta y verdura. Además de no usar plástico, utilizan muchos menos envases que un supermercado. Es una buena forma de apoyar a productores locales y te lo entregan en la puerta de casa, que es la mar de cómodo.

• Simplifica. ¿Cuántos productos de limpieza necesitamos? Intenta buscar productos multiusos.

• Crea tu propio huerto. Las hierbas aromáticas que venden en el supermercado vienen con muchos envases de plástico y, además, son un buen punto de inicio. Si tienes espacio, intenta cultivar frutas y verduras. Si te apetece tener huevos frescos a diario, hazte con un par de gallinas.

• Dale rienda suelta a tu imaginación. Si no encuentras un producto que se venda sin plástico, ¿se te ocurre una alternativa? Puedes utilizar aceite de oliva como desmaquillante, o vinagre blanco como producto de limpieza o suavizante de ropa.

• Hazlo tú mismo. Me pasé años preparando mi propia pasta porque no la encontraba a granel y todavía hago mi propio lavavajillas en polvo porque no lo encuentro sin envase de plástico (ver pág. 204).

• Pídelo por Internet. Ahora es posible comprar frutos secos, por ejemplo, en tiendas *online* especializadas que no usan envases de plástico (ver sección Recursos, pág. 214).

MANTÉN LA CALMA

Si se niegan a servirte en tus recipientes y envases reutilizables, ¡que no cunda el pánico! A veces les preocupa meterse en problemas. Si he comprado antes ahí, suelo comentarles que sus compañeros siempre me atienden así y que jamás ha supuesto un problema. O les pido que lo consulten con su jefe.

En el peor de los casos, asume que no van a adaptarse a ti y piensa en hacer la compra en otra tienda. Envíale un correo electrónico a la empresa o tienda en cuestión explicando lo que ha ocurrido, ya que suele ser de gran ayuda.

¡VE MÁS ALLÁ!

Si ya tienes una colección de artículos reutilizables, te has acostumbrado a comprar a granel y recuerdas llevar tus bolsas de tela a todas partes, aquí tienes más ideas:

- **Monta tu propia tienda a granel.**
Puede parecer todo un desafío, pero si hay demanda en tu barrio o municipio, puede merecer mucho la pena. ¡Y además tendrás acceso a todos los artículos a granel que puedas imaginar!

- **Organiza un taller para generar menos residuos.**
Comparte tu experiencia, explica cómo haces la compra y qué cambios has hecho.

- **¿Hay algún producto reutilizable que no está en el mercado?**
¿Podrías diseñarlo o hacerlo tú mismo?

- **Invita a compañeros, familia o amigos a hacer la compra contigo.**
Muéstrales cómo funciona. A los niños les encantará llenar sus bolsas de tela con frutos secos.

Capítulo 1: un Plan de Seis Semanas

BAÑO E HIGIENE PERSONAL

Después de implementar varios cambios en la compra semanal, decidí seguir con el cuarto de baño, que estaba lleno de botes de champú, maquillaje, jabón y maquinillas de afeitar desechables, por no hablar de la cantidad de envases que generan los productos de higiene personal.

Me pregunté qué necesitaba realmente y eliminé todo lo que tenía por duplicado y los productos que ya no usaba. Incluso tiré una esponja vegetal y otra de plástico porque prefería usar la pastilla de jabón y las manos en la ducha.

Somos muy tiquismiquis con los productos de belleza y de cuidado personal, pero te aconsejo que pruebes distintas opciones, que no pierdas la esperanza y que tengas la mente abierta.

ABORDA EL CUARTO DE BAÑO

LA VERDAD

El cuarto de baño debería ser un lugar sagrado, un espacio que nos libera del estrés del día a día y nos brinda un poco de amor, en forma de una mascarilla facial, por ejemplo. Pero la realidad es muy distinta: casi todos acabamos llenando los armarios del baño con un montón de trastos. Allá donde mires hay botes de plástico llenos de champú, acondicionador, limpiadores faciales, gel de cuerpo, espuma de afeitar, un sinfín de cremas y lociones corporales. Todos prometen ofrecerte juventud eterna gracias un ingrediente de última generación.

¿Alguna vez te has planteado la cantidad de sustancias químicas que contienen estos productos? ¿Sabías que algunas de esas sustancias pueden provocar alteraciones hormonales y cáncer? ¡No es una idea muy relajante, la verdad!

QUÉ HACER

Esta semana intenta cambiar todos los productos de baño y de cuidado personal desechables por alternativas reutilizables más duraderas u opciones que pueden compostarse con facilidad. En la siguiente página encontrarás algunos productos que utilizo en mi rutina de cuidado personal.

ANTES DE EMPEZAR

Ten en cuenta opciones realistas, opciones que te apetezca probar. Si no se te ocurren ideas, utiliza algunos de los ejemplos que te propongo a continuación.

Minimiza lo que realmente necesitas y apuesta por productos multiusos. ¿Qué te parecería la idea de usar una misma pastilla de jabón para manos y cuerpo? ¿Y si te dijera que también sirve para afeitarse y como quitamanchas (ver pág. 105)? ¿De veras necesitas una esponja, o podrías usar solo las manos?

Intenta utilizar los mismos productos para toda la familia. A pesar de que tenemos la piel y el pelo distintos, hay productos que nos funcionan bien a todos.

primeros pasos

1 Elige artículos reutilizables.

Siempre que el presupuesto lo permita, invierte en artículos reutilizables y recuerda que, a largo plazo, ahorrarás dinero (cuchillas de afeitar, toallitas faciales reutilizables y productos para la menstruación son ejemplos de ahorro).

2 Prueba a hacer cambios.

Mira qué productos de cocina (aceite de oliva, miel, sal, vinagre de sidra de manzana, bicarbonato de soda) puedes empezar a usar. Recuerda que es un proceso de ensayo y error, así que, si no obtienes los resultados que querías, no te preocupes y prueba con otra cosa. Hay opciones para todos los gustos.

3 Asegúrate de que los productos envasados que compras son sostenibles.

Hay productos que tendrás que comprar envasados, como crema facial o loción corporal; intenta buscar productos que vengan en envases compostables, como tubos de cartón, o reciclables, como frascos de vidrio o metal.

Capítulo 1: un Plan de Seis Semanas

JABÓN

Es el cambio más fácil de todos. Tardé un tiempo en encontrar una pastilla que me encantara y que enjabonase bien, pero el abanico de posibilidades que hay en el mercado es muy amplio. A mí me gustan las pastillas con ingredientes naturales que vienen sin envases. He sustituido el jabón corporal, de manos y de rostro, además de la espuma de afeitar.

Si prefieres el jabón líquido, busca uno fabricado con productos naturales que puedas rellenar en una tienda o que puedas comprar en botella de cristal.

HIDRATANTE

He descubierto que el aceite de oliva me funciona la mar de bien como hidratante facial. Otros aceites que puedes encontrar a granel son el de girasol, el de sésamo y el de jojoba. Échate unas gotas sobre la piel y masajéala bien.

Durante los meses de invierno siento que necesito algo más denso y más cremoso para hidratar la piel; utilizo una crema hidratante natural de una marca que ofrece servicio de relleno. Pido recambios y les envío el frasco vacío para que lo limpien y lo reutilicen. No dudes en preguntarles a pequeñas empresas si quieren que les devuelvas el frasco de cristal para que lo rellenen. Puede que tu tienda a granel de confianza también disponga de crema hidratante.

Para el cuerpo, siempre que me acuerdo, uso un ungüento casero (ver pág. 208) o una hidratante corporal de una marca local que siempre me agradece que les devuelva los botes usados. Como alternativa, puedes usar productos hidratantes corporales que vienen en tubos de cartón compostables, frascos de cristal o envases metálicos. Busca lo que funciona mejor para tu tipo de piel..

DESODORANTE

Me he dado cuenta de que si aplico un poco de bicarbonato de sodio en las axilas, el olor a sudor desaparece, pero sé que este truco no le funciona a todo el mundo. A mi marido, por ejemplo, le sale un sarpullido cada vez que lo usa, así que tiene una barra de desodorante sin bicarbonato que viene en un tubo de cartón compostable. Hay gente que adora las piedras de aluminio, una piedra natural que mojas y luego pasas por la axila, pero a mí no me funciona. Hay afortunados a quienes el sudor apenas les huele, por lo que ni siquiera necesitan desodorante. También puedes probar a elaborar uno, pero suelen ser bastante aceitosos y manchan la ropa. Recuerda que estas propuestas no previenen el sudor, sino el olor. Mi cuerpo se adaptó después de un par de semanas y empezó a transpirar mucho menos gracias a que dejé de usar antitranspirantes.

PROTECTOR SOLAR

Por favor, no intentes hacer protector solar en casa, a menos que seas todo un experto en el tema. Los resultados son impredecibles y arriesgados y, además, tienes opciones con ingredientes naturales disponibles en envases metálicos que pueden reutilizarse o reciclarse. Si tienes la suerte de que tu tienda a granel vende protector solar, ¡no lo dudes!

No olvides que una forma de proteger la piel del sol es cubrirla con algo de ropa o poniéndote un sombrero. Una exposición moderada a los rayos solares es una buena fuente de vitamina D. Me he dado cuenta de que mi piel solo aguanta unos 20 minutos al sol; pasado ese tiempo, prefiero ponerme a la sombra.

PRODUCTOS DE CUIDADO CAPILAR

Encontrar un buen sustituto para el champú y el acondicionador convencionales fue todo un reto para mí y la verdad es que tardé bastante en cambiarlos. Hay gente que utiliza harina de centeno o bicarbonato de sodio en lugar de champú, pero lo cierto es que prefería algo que se pareciera más a un champú. Tienes que probar distintas alternativas y opciones; no te asustes si un producto te deja el pelo como el de Albert Einstein.

Las pastillas de champú no son para todo el mundo, pero dales una oportunidad, quizá te funcionen. Los resultados pueden ser maravillosos, ya que aportan un brillo impresionante y, además, reduces residuos. Después, aplica un acondicionador (a granel) o aclárate el pelo con vinagre de sidra de manzana (ver pág. 209).

Los recambios y rellenos son otra buena opción. Lleva uno o dos botes vacíos a una tienda o peluquería que ofrezca el servicio y llénalos de tu champú y acondicionador favoritos. Yo recurrí a una peluquería orgánica; les pedí si podían llenar mis botellas de cristal con sus productos y les encantó la idea. Hay empresas que ofrecen este servicio *online*. Devuelve el bote vacío para que puedan limpiarlo y rellenarlo (ver la sección Recursos, pág. 215).

Solía lavarme el pelo a diario, y eso hacía que se ensuciara más rápido. Aunque todos tenemos un cabello distinto y hay gente que puede pasarse varias semanas sin lavárselo, te aconsejo que no te lo laves a diario. No solo ahorrarás producto y dinero, sino que pasarás menos tiempo en la ducha (¡ahorrarás agua!). Tu cuero cabelludo y tu pelo te lo agradecerán, créeme.

El champú en seco sirve para alargar el tiempo entre lavado y lavado. Prueba con un poco de maicena o harina de tapioca para un cabello más suelto o cacao en polvo para un cabello más oscuro. Aplícalo con un especiero y cepíllalo bien para que el polvo absorba la grasa.

DEPILACIÓN

Mi método favorito es la cuchilla de afeitar reutilizable metálica. A primera vista parece que vaya a cortarte la piel a tiras, pero es un método seguro, créeme; llevo más de cinco años usándola y solo me he cortado un par de veces (y fue al principio). Debes cogerle el tranquillo, pero te aconsejo que no ejerzas mucha presión y que el propio peso de la maquinilla haga el trabajo; limítate a guiarla por tu piel y ella hará el resto. Mi marido (prometo que no le insistí ni una sola vez) cogió mi maquinilla un día y probó a afeitarse la barba; después se compró una para él y no solo disfruta del momento del afeitado, sino que además ha ahorrado dinero porque ya no ha vuelto a comprar cuchillas desechables.

Este tipo de maquinillas de afeitar incluyen una cuchilla metálica que dura varios meses; debes comprar recambios, que vienen en caja de cartón y envueltos en papel. Tu bolsillo enseguida notará la diferencia. Para reciclar las cuchillas usadas, las guardo en una caja metálica, debajo del lavamanos, y, cuando está llena, la llevo a un servicio de reciclaje especializado que acepta artículos metálicos.

También puedes invertir en una máquina de afeitar o de depilar eléctrica, pues también son opciones que generan menos residuos, pero lo más cómodo es tener una maquinilla de afeitar sencilla.

ESPUMA DE AFEITAR

Sustituimos el gel y la espuma de afeitar por una pastilla de jabón que hace mucha espuma. Mi marido usa una hecha de ingredientes naturales, etiquetada como jabón de afeitar, pero yo me conformo con cualquier pastilla que haga espuma.

PASTA DE DIENTES

Una vez más, dependiendo de las preferencias y exigencias personales nos decantaremos por una opción u otra. Utilizo bicarbonato de sodio para cepillarme los dientes, además de como desodorante. No echo de menos el aroma mentolado de la pasta de dientes y me da pereza hacer pasta de dientes casera porque se necesitan muchos ingredientes y es muy difícil comprarlos a granel o sin envases de plástico. A mi marido, en cambio, no le gusta usar bicarbonato de sodio, así que compra una pasta natural orgánica que viene en un frasco de cristal reciclable o en un envase de cartón. Cada vez hay más opciones en el mercado, desde pastas de dientes que se venden en tubos metálicos muy fáciles de reciclar o en frascos de cristal, hasta pastillas dentales disponibles a granel que también contienen fluoruro, para quienes crean que lo necesitan.

CEPILLO DE DIENTES

El único cepillo de dientes compostable que tenemos disponible hoy en día es de madera y tiene las cerdas de pelo de jabalí. A mí me gusta, pero conozco a muchos amigos y familiares que no se sienten muy cómodos cepillándose los dientes con pelo de cerdo. La segunda mejor opción es un cepillo de bambú con cerdas de plástico, ya que minimiza la cantidad de plástico porque que el bambú puede compostarse.

HILO DENTAL

Compré un envase reutilizable para hilo dental con varios recambios hace ya varios años. Tan solo pido los recambios y los guardo en un frasco de cristal con tapa metálica. También podrías usar hilo de seda como hilo dental, ¡funciona de maravilla!

HIGIENE ÍNTIMA

Utilizo una copa menstrual reutilizable (casi todas están hechas de silicona, pero hay algunas de goma natural de comercio justo), ¡y me encanta! No conozco a ninguna mujer que se arrepienta de haber cambiado las compresas y los tampones por la copa menstrual. Si no te apetece probarla, o no te va bien, puedes optar por compresas reutilizables (sé que el término es horrible, pero son una gran idea), tampones reutilizables (no los he probado, la verdad) y braguitas menstruales (que pueden absorber como dos o tres tampones y están hechas de algodón orgánico).

PAPEL HIGIÉNICO

Compro una caja de 48 rollos ecológicos que vienen envueltos en papel. La empresa dona el 50 por ciento de sus beneficios a organizaciones comprometidas con el medioambiente y la calidad es bastante buena. También puedes comprarles los rollos de papel higiénico a proveedores de hoteles, que suelen distribuirlos sueltos en una caja de cartón grande. Si te apetece eliminar el papel higiénico de tu casa, tienes alternativas, como toallitas lavables y reutilizables o un accesorio de bidé.

JABÓN FACIAL

Me lavo la cara con la misma pastilla de jabón que para el cuerpo. La miel también funciona de maravilla. Masajéate el rostro con un poco de miel, espera unos minutos y después usa una toallita húmeda para retirarla. ¡Te deja la piel supersuave!

MASCARILLA FACIAL

Mezclo arcilla, que compro a granel, con un poco de agua; el resultado: una mascarilla facial perfecta (ver pág. 210).

EXFOLIANTE CORPORAL

Mezcla café molido, sal o azúcar con un poco de aceite y ¡listo!

DESMAQUILLANTE

El aceite de oliva funciona a las mil maravillas. Masajea el aceite por el rostro y después retíralo con una toallita reutilizable empapada en agua caliente. El maquillaje desaparecerá como por arte de magia.

BASTONCILLOS DE ALGODÓN

Te aconsejo que inviertas en un limpiador de oídos metálico. Pero, si necesitas bastoncillos, fíjate en que el palo esté hecho de cartón en lugar de plástico y que vengan en caja de cartón, y no de plástico.

TÓNICO

Diluye una parte de vinagre de sidra de manzana con una parte de agua (cambia las medidas si tu piel lo necesita) y usa la mezcla como tónico. Reconozco que soy un poco perezosa y no uso tónico, pero, según tengo entendido, esta alternativa funciona muy bien. Aplícala sobre el rostro después de haberlo limpiado con una toallita reutilizable (evita el contorno de los ojos, pues es una zona muy delicada), deja que se seque y después aplica tu hidratante habitual. Guarda el tónico en un lugar oscuro y agítalo antes de usar.

SIMPLIFICA TU RUTINA DE BELLEZA

LA VERDAD

El maquillaje no es una industria precisamente sostenible y ecológica. Intenté hacer mi propia máscara de pestañas, colorete, barras de labios y polvos matificantes, pero el resultado fue horrible. La cocina quedó hecha un desastre y me pasé varias semanas tratando de arrancar la cera de abeja que había quedado pegada en todas las superficies. Así que opté por apoyar a marcas que utilizan ingredientes naturales y menos envases. Me encantó el polvo de coco, que funciona como bronceador y como sombra de ojos marrón, y además puedo comprarlo a granel.

La base que utilizo viene en una cajita metálica con un sello de plástico; no es lo ideal, pero es lo mejor que he encontrado. El único pintalabios que tengo también viene en envase de plástico, pero al menos se puede reciclar.

He intentado sustituir el tinte de cabello por alternativas naturales (el zumo de limón o el té de camomila ayuda a aclararlo), pero los resultados no terminaron de gustarme. Al final, decidí hacerme unas mechas en una peluquería que solo utiliza productos orgánicos, que suelen ser menos agresivos con la piel, el cabello y el medioambiente. Como tenía que utilizar papel de aluminio, le pregunté a la peluquera si podía traer el mío de casa para así poder lavarlo después y reciclarlo como es debido. Siempre que me tiñen el pelo, les pido que no me pongan un gorro de plástico, que no me importa esperar un poco más. En general, cuando digo que estoy tratando de generar menos residuos, la gente me entiende.

QUÉ HACER

Simplifica tu kit de maquillaje. Al revisar el neceser, me di cuenta de que solo usaba máscara de pestañas, lápiz de ojos, base de maquillaje, bronceador, colorete y una barra de labios.

ANTES DE EMPEZAR

Plantéate cuánto maquillaje necesitas. ¡Menos es más!

¿Qué utilizas realmente a diario?

primeros pasos

1 **Minimiza tu neceser de maquillaje con tus básicos diarios.**
Si quieres, devuélvele todos los productos que no vas a usar a la empresa y explícales por qué no vas a comprar nunca más sus productos (¡porque tienen demasiados envases!).

2 **Elige productos multiusos siempre que sea posible.**
¿Un protector solar con color funcionaría también como base de maquillaje? Prueba a usar la máscara de pestañas que viene en una cajita metálica como lápiz y sombra de ojos.

3 **Cuando compres un producto nuevo, busca opciones.**
Opta por productos que no vengan en envase de plástico, o marcas que ofrezcan recambios (ver sección Recursos, pág. 214).

UN APUNTE SOBRE EL BOTIQUÍN DE PRIMEROS AUXILIOS

El uso de recetas y medicamentos es inevitable y jamás te aconsejaría que pusieras en riesgo tu salud para generar menos residuos, pero, cuando tengas que comprar algo sin receta, intenta elegir productos con envases de cartón o de vidrio y evita los blísteres de plástico mezclados con papel de aluminio, porque son difíciles de reciclar. Intenta buscar los que solo vienen en papel de aluminio.

Devuélvele las recetas y medicamentos caducados a una farmacia en lugar de tirarlos a la basura. Algunos artículos, como inhaladores de asma, pueden dejarse en la farmacia para que sean reciclados. Averigua si tu farmacia de confianza ofrece este servicio.

Las tiritas se venden sin receta y, por suerte, puedes encontrar opciones biodegradables que después puedes añadir a tu basura de compostaje. Aunque la mayoría de las veces basta con un poco de gasa y esparadrapo para tapar cortes o rasguños de poca importancia.

¡VE MÁS ALLÁ!

• Encuentra un producto con envase de cristal, cartón o metal.
Si compras algo con envase de plástico reciclable, averigua si existe una alternativa sin plástico o con recambios.

• Usa recambios en lugar de artículos nuevos.
Comprueba si la empresa ofrece un servicio de recambio/relleno para sus productos de belleza.

• Abre una tienda *online* con productos de belleza «residuo cero».
Eso fue lo que hizo una amiga después de ver que era casi imposible encontrar productos de belleza sostenibles.

• Intenta ducharte seis días a la semana, en lugar de siete.
Echa unas gotitas de jabón y un poco de agua caliente en una toalla para refrescarte un poco, recógete el pelo en una coleta o ponte un sombrero para disimular. Ahorrarás agua y, además, utilizarás los productos de higiene personal 52 veces menos al año.

• Dónale cabello a una empresa de pelucas para pacientes con cáncer.
Es una opción perfecta si tienes el pelo largo y sin teñir, y si te apetece un cambio de look.

• Devuélvele los productos con microperlas al fabricante.
No utilices ni tires a la basura productos que contengan perlas (pequeñas partículas de plástico), ya que contaminan los sistemas hidráulicos y los océanos. Ahora están prohibidos en algunas partes del mundo.

• Considera la depilación láser permanente.
Es una alternativa a la depilación con cera o cuchilla.

LIMPIEZA Y CULTURA

Los que me conozcáis debéis de estar pensando: «¿Kate? ¿Hablando de limpieza? ¿En serio?». Sé que no ganaré el premio a la Diosa de la Limpieza, pero, desde que simplifiqué nuestros hábitos de limpieza y empecé a cambiar ciertas rutinas para generar menos residuos, la idea de que mi casa parezca estar limpia y ordenada me entusiasma un pelín más.

En segundo lugar, quiero que recuerdes por qué te embarcaste en este viaje sin residuos. Me he dado cuenta de que leer artículos y libros sobre plástico, residuos, productos de salud y de belleza es una fuente de motivación e inspiración. No pretendo que te sientas culpable por hacer lo que haces, sino recordarte por qué querías cambiar tu estilo de vida.

LIMPIEZA

LA VERDAD

Érase una vez, en un lugar no muy lejano, unos armarios llenos a rebosar de botellas de todos los tamaños y colores; un pulverizador para esto, un gel para lo otro. Todos los botes contenían sustancias químicas sintéticas que provocan problemas de salud. Invertir en productos de limpieza naturales puede ser todo un desafío al principio, ya que nos hemos acostumbrado a relacionar la palabra «limpieza» con una fragancia fuerte y empalagosa.

A mi marido le encantaban los productos de limpieza y se entusiasmaba cada vez que tenía que utilizar el pulverizador antibacterias sobre todas las superficies, así que, cuando anuncié que íbamos a cambiar todos los artículos de limpieza, se quedó petrificado; y cuando se recuperó del susto me dijo que no iba a salirme con la mía tan fácilmente. Le respondí que, si quería seguir usando sus productos, tendría que hacer el esfuerzo de ir a comprarlos él mismo, ¡lo cual nunca hizo! Por suerte, el cambio nos ha venido muy bien a los dos. Tiene asma y se ha dado cuenta de que cuando inhala productos de limpieza perfumados le cuesta más respirar, así que prefiere limpiar con vinagre blanco y agua.

QUÉ HACER

Durante esta semana debes analizar tus hábitos de limpieza y los productos que utilizas y tratar de encontrar mejores alternativas. Tendrás que hacerte con un kit de limpieza o, si te apetece, puedes intentar elaborarlo tú mismo con las ideas que te propongo a continuación.

ANTES DE EMPEZAR

- Revisa tu cesta de la ropa sucia; quizá puedas reducir el número de lavadoras que pones a la semana.

- Si necesitas contratar un servicio de limpieza, busca uno que apueste por el uso de productos naturales.

- Cámbiate a una compañía eléctrica que suministre energía verde, si es que no lo has hecho ya.

primeros pasos

1 **Limpia con vinagre o vodka**
(ver págs. 200-201). O encuentra una alternativa multiusos sostenible.

2 **Intenta elaborar tus propios productos.**

3 **Ventila la ropa y vuélvetela a poner.**
No dejes una prenda en la cesta de la ropa sucia si solo te la has puesto una vez. Los tejanos pueden lavarse con menos frecuencia.

4 **Tiende la ropa fuera de casa.**
El sol ayuda a blanquearla.

5 **Marca la limpieza en seco**
(ver pág. 110).

6 **Utiliza repelente de polillas natural.**
Puedes usar pastillas de jabón y bolas de cedro naturales.

7 **Plancha las compresas a alta temperatura para esterilizarlas.**

8 **Prueba las bolas de lana para secadora.**
La ropa quedará más suave y el secado será más eficiente.

9 **Sustituye el suavizante por vinagre blanco.**

10 **Utiliza paños de tela reutilizables.**
Son una buena alternativa a las bayetas desechables.

Capítulo 1: un Plan de Seis Semanas

No Olvides

Antes de cambiar todos tus productos de limpieza por opciones más sostenibles, échales un vistazo a cosas que debes tener en cuenta.

IGNORA EL MARKETING

¡No te dejes engatusar por la publicidad! No tienes que comprar un estropajo especial para la bañera, ni un pulverizador para la ducha, ni un producto antical, ni un jabón especial para el horno o los fogones. Simplifica. Tendrás más espacio en el armario y también lo notarás en la cartera.

PRODUCTOS ANTIBACTERIANOS

Durante años, campañas publicitarias agresivas nos han convencido de que necesitamos sus productos para combatir y aniquilar las bacterias que revolotean por casa, pero, en realidad, el jabón antibacteriano no es más efectivo que un jabón cualquiera.[9] El término «antibacteriano» se utiliza para incentivar a la población a comprar un producto. Algunos expertos creen que existe un vínculo entre un entorno esterilizado y libre de gérmenes y un descenso de la mortalidad.[10]

SALUD

Si necesitas más argumentos, te aconsejo que utilices la base de datos sobre cosméticos Skin Deep (ver pág. 217), que analiza los ingredientes de los productos de limpieza (y belleza) y valora lo peligrosos que pueden ser para nuestra salud.[11]

Considera hasta qué punto debes mantener tu casa limpia. A menos que trabajemos en un hospital, donde las medidas de higiene son extremas, no hace falta vivir en una casa limpia como una patena; algunos científicos afirman que hay más sustancias químicas dentro de nuestras casas que fuera.[12] Baja un poco el nivel y mantén tu casa ordenada, presentable y limpia, pero sin utilizar productos químicos tóxicos que prometen esterilizar todas las superficies de tu hogar.

PRODUCTOS DE ASEO PERSONAL

La comodidad del «usar y tirar» en productos de limpieza ha ido creciendo a lo largo de los años, y las toallitas desechables están a la orden del día. Casi todas están hechas de plástico, es decir, que no son biodegradables. Aunque en la etiqueta ponga que se pueden tirar por la taza del baño, jamás debes hacerlo, ya que provocan grandes bloqueos en el sistema de tuberías porque no se desintegran.

El Kit de Limpieza Residuo Cero

No hace falta que elabores todos los productos de limpieza en casa, aunque es la forma perfecta de saber qué contienen y de ahorrar bastante dinero. También puedes comprar un producto ya elaborado, hecho de ingredientes ecológicos, a poder ser, y sin envase de plástico. Yo he probado ambas opciones y el resultado es parecido. Si tu tienda a granel o ecológica de confianza no vende productos de limpieza, no te desanimes, puedes encontrarlos en Internet, envasados en cartón, papel, vidrio o metal. A continuación te propongo mis básicos de limpieza:

VINAGRE BLANCO

Úsalo como...

- Limpiador multiusos
- Suavizante para la ropa
- Abrillantador
- Desinfectante
- Limpiador de ducha
- Eliminador de óxido

Limpio la mayor parte de la casa con vinagre blanco; no te preocupes, el olor desparece después de unos 20 minutos y, si quieres, puedes añadir unas gotas de tu aceite esencial favorito para disfrazarlo un poco. Tengo suerte porque la tienda donde suelo comprar ya ofrece vinagre blanco a granel; hasta ahora no tenía más remedio que comprarlo en el supermercado, en botellas de cristal con tapón de plástico reciclable. Si solo lo encuentras en botella de plástico, compra la más grande que puedas permitirte y guárdala en el armario.

Pero ten cuidado. Nunca mezcles vinagre con lejía, ni con peróxido de hidrógeno. Estas combinaciones emiten gases tóxicos. Tampoco mezcles vinagre blanco con jabón de Castilla o bicarbonato para limpiar, ya que uno anula las propiedades de limpieza del otro.[13]

Para elaborar un pulverizador de limpieza multiusos básico, sigue la receta de la pág. 200. Se puede usar para limpiar la encimera, el fregadero, los suelos, la ducha, los espejos ¡y mucho más! Sin embargo, no uses vinagre para las superficies de granito o mármol; en este caso, límpialas con un pulverizador desinfectante de vodka (ver pág. 201).

Si te apetece probarlo como suavizante de ropa, añádele un buen chorro de vinagre blanco a la lavadora.

Y para que los platos te queden bien brillantes, añade unas gotas de vinagre en el recipiente para productos de aclarado. Para no estropear el lavavajillas, ponlo en marcha vacío, sin vajilla. Pasados 20 minutos, añade una taza de vinagre blanco y cierra la puerta hasta que el ciclo termine. Este consejo me lo dio un tipo de mantenimiento; su mujer también se había empeñado en reducir la cantidad de productos de limpieza químicos en casa. Es recomendable leerse el manual de instrucciones para averiguar qué ciclos son los más efectivos y más sostenibles.

Puedes usarlo como desinfectante sobre superficies y tablas de cortar, pero concentrado, sin diluir. Tan solo pulveriza la superficie y pasa un paño.

También sirve para limpiar la ducha, evitar la aparición de moho y eliminar los restos de espuma de jabón; pulveriza un poco de vinagre concentrado sobre las baldosas, y listo. Si ves que la alcachofa está llena de cal, echa un buen chorro de vinagre blanco.
Para eliminar el óxido, pulveriza un poco de vinagre concentrado sobre el óxido y frótalo con un cepillo de dientes o un estropajo metálico.

LAVAVAJILLAS LÍQUIDO

Úsalo como...

- Detergente para platos

- Limpiador de superficies

- Limpiasuelos

- Limpiador en general

Vivo en una zona donde el agua corriente contiene mucha cal y, aunque he probado un sinfín de lavavajillas caseros, ninguno ha funcionado bien. Una vez probé a elaborarlo con nueces de jabón (unas nueces pequeñas y marrones que tienen saponina, un agente de limpieza natural, y que pueden sustituir al detergente para ropa), pero el resultado no me gustó; las nueces de jabón no solo no limpiaron bien los platos, sino que además soltaron un olor fétido insoportable.

El jabón líquido de Castilla es una buena alternativa para sustituir el lavavajillas líquido, pero todo depende de la calidad del agua. Se puede encontrar en tiendas a granel y funciona de maravilla para la limpieza general de la casa, aunque en mi caso dejó una fina capa de residuo; supongo que fue por culpa de nuestra agua corriente, con demasiados minerales, así que anímate a probar las distintas opciones disponibles. Encontré un lavavajillas líquido sostenible y orgánico perfecto para mí y dejé de intentar elaborar el mío propio.

Échale un vistazo a tu tienda a granel o de productos ecológicos de confianza y comprueba si tienen algún producto de limpieza que te funcione bien.

Para limpiar superficies, incluidas las de granito y mármol, echa una gota de lavavajillas o de jabón de Castilla líquidos (preferiblemente a granel) sobre un trapo húmedo y pásalo por encima. Si es necesario, puedes pasar un paño húmedo después.

Para fregar suelos, añádele unas gotas a un cubo lleno de agua caliente y ya puedes pasar la fregona.

Para el resto de las cosas de casa, utiliza un trapo o paño húmedo o diluye unas gotas en un cubo de agua caliente. Esta mezcla sirve tanto para limpiar juguetes como para retirar el barro de la suela de unos zapatos.

BICARBONATO DE SODIO

Úsalo como...

- Pasta de limpieza
- Limpiador de horno
- Ambientador
- Detergente para ropa

Compro bicarbonato de sodio a granel, pero también está disponible en bolsas de papel o cajas de cartón.

Para hacer pasta de limpieza, añade un poco de agua hasta conseguir una pasta bastante áspera. Usa la mezcla para limpiar el baño o las manchas resistentes de la cocina.

Para elaborar un limpiador de horno casero a base de bicarbonato de sodio, consulta la receta de la pág. 205.

Úsalo para eliminar los olores de la casa, para refrescar alfombras, moquetas, tapices o incluso colchones; espolvorea el bicarbonato, déjalo actuar 24 horas y después aspíralo.

Para hacer detergente en polvo con bicarbonato de sodio, consulta la receta de la pág. 203.

Capítulo 1: un Plan de Seis Semanas

CARBONATO DE SODIO

Úsalo como...

• Lavavajillas en polvo

• Detergente para ropa en polvo

También conocido como cristales de sodio o ceniza de sodio, el carbonato de sodio es muy difícil de encontrar sin envase de plástico. Solo he conseguido encontrar una marca francesa que lo vende en cajas de cartón, pero es bastante caro y tengo que pedirlo *online*, lo que significa que viene con más envases de los necesarios. Fue una grata sorpresa saber que podía elaborarlo a partir de bicarbonato de sodio, un producto que sí puedo comprar a granel. Quizá tengas la suerte de encontrar carbonato de sodio a granel o en caja de cartón, pero, si no es el caso, tienes las instrucciones para hacer el tuyo en la pág. 202.

En mi caso, lo utilizo como ingrediente para hacer mi propio lavavajillas en polvo, ya que donde vivo no lo encuentro sin envase de plástico. Prefiero comprar detergente para ropa en polvo sostenible y ecológico a granel o en una bolsa grande de papel reciclable, pero tal vez prefieras hacer el tuyo.

Para elaborar lavavajillas en polvo casero a base de carbonato de sodio, consulta la receta de la pág. 204, y para elaborar detergente para ropa en polvo, la receta de la pág. 203.

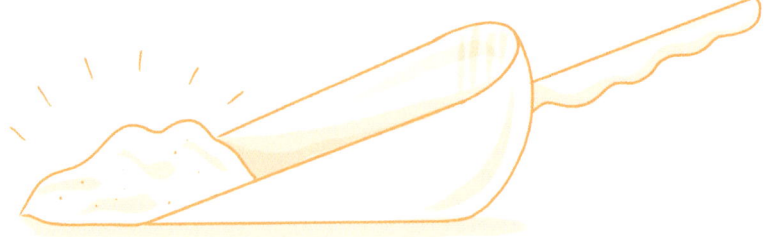

ÁCIDO CÍTRICO

Úsalo como...

- Lavavajillas en polvo
- Quitamanchas para el baño
- Descalcificador de teteras y planchas

Compro ácido cítrico en cajas de cartón reciclables, en una droguería local o en mi tienda a granel habitual.

Para hacer lavavajillas en polvo en casa a base de ácido cítrico, consulta la receta de la pág. 204.

Si lo usas como quitamanchas para el baño, espolvorea ácido cítrico (unos 125 g o varias cucharadas) en la taza del baño y deja que actúe durante la noche. Al día siguiente, frótalo con un estropajo para eliminar las manchas. He probado otras formas de limpiar la taza del baño, como por ejemplo con vinagre, una alternativa muy recomendada, o bicarbonato de sodio, pero nada me ha funcionado mejor que el ácido cítrico.

PASTILLA DE JABÓN

Úsala como....

- Jabón de cuerpo y manos
- Quitamanchas
- Repelente de polillas

Para mí, una humilde pastilla de jabón hecha de ingredientes naturales y con un envase reciclable es de los productos más útiles que tengo en casa, ya que sirve para muchas cosas. Si prefieres el jabón líquido, prueba el jabón de Castilla, que puedes comprar a granel, o intenta derretir pastillas de jabón con agua caliente. Otra opción es pedirlo *online*, en frascos de cristal. No intentes mezclar jabón con vinagre, ya que corta el jabón y pierde su eficacia.

Úsalo como jabón de cuerpo y de manos, y tira todos los botes de gel líquidos que has acumulado.

Para eliminar cualquier mancha, humedece la prenda de ropa y frota la pastilla de jabón justo sobre la mancha.

Y para repeler polillas y que la ropa siempre huela a fresco, deja una pastilla en el cajón y ya está.

UN APUNTE SOBRE LOS ACEITES ESENCIALES

Aunque no podemos incluirlos en nuestro kit de limpieza residuo cero, los podemos utilizar para añadir un toque de aroma y frescor a nuestro hogar. Los que más me gustan son los aceites esenciales de árbol de té, menta y romero, que, además, tienen propiedades antibacterianas. Es bastante difícil conseguirlos a granel, así que busca marcas que utilicen frascos de cristal en lugar de envases de plástico. Otra alternativa es meter piel de naranja y de limón en un frasco de vinagre, esperar una semana y después usarlo para limpiar. Huele de maravilla.

UTENSILIOS DE LIMPIEZA

Cada uno tiene su método y criterio de limpieza, así que encuentra qué utensilios te funcionan mejor. He ido adaptando y cambiando los míos con los años, pero aquí tienes un ejemplo de lo que suelo usar:

Pulverizadores de cristal o metal. Son la opción perfecta para limpiadores multiusos, y además se pueden rellenar. También puedes aprovechar algún bote que tengas por casa, solo tienes que añadirle el pulverizador.

Paños de tela reutilizables. Sustituye las bayetas desechables y el papel absorbente por trapos reutilizables. Evita los que contengan microfibras sintéticas porque pierden diminutas fibras de plástico cuando se lavan. Los trapos de celulosa de pulpa de madera, una alternativa biodegradable a los paños sintéticos de microfibra, son una buena opción. Cualquier paño viejo de materiales naturales también servirá.

Cepillos de dientes usados. Son perfectos para frotar zonas de difícil acceso, como esquinas o rincones.

Escobilla. Elige una hecha de madera y con cerdas naturales.

Estropajo de acero inoxidable. Elimina restos de comida incrustados y puede reciclarse.

Cepillo de madera para platos. Busca uno con cerdas naturales compostables. Necesitarás uno para platos y otro para frascos y botellas.

Espátula limpiacristales. Es ideal para limpiar espejos y superficies de cristal. Busca una hecha de acero y goma natural.

Guantes de goma natural. Son muy útiles para protegerte las manos mientras limpias o friegas. Elige unos de goma natural certificada y que vengan en caja de cartón.

Aspirador sin bolsa. Si tienes moqueta o alfombras, te vendrá de perlas. Compra el mejor que puedas permitirte.

Bolsas de basura de papel. Puedes hacerla tú mismo (hay tutoriales que te enseñan a hacerlas con periódicos) o comprar varias.

Contratamos a una señora de la limpieza que viene un par de veces al mes y hace una limpieza a fondo; sin embargo, solo utiliza vinagre blanco, bicarbonato de sodio y paños de tela reutilizables. Contactamos con una empresa de limpieza sostenible y me gusta apoyar este tipo de iniciativas. Si eres como yo y no te apasiona limpiar, te recomiendo que busques un servicio de limpieza que use productos orgánicos. Es el secreto de un matrimonio feliz, ¡te lo prometo!

QUÉ HACER CON LOS PRODUCTOS QUE YA NO USAS

Explicaré con más detalle el tema del orden más adelante, pero, si no puedes esperar a deshacerte de todos los productos de limpieza que ya no usas porque has optado por alternativas más sostenibles, una buena opción es dárselos a gente que todavía los utiliza. Otra alternativa es devolvérselos a la empresa, acompañados de una nota explicando por qué ya no los quieres.

CONSEJOS PARA LA COLADA

Según *Fashion Revolution*, el 25 por ciento de la huella de carbono de una prenda de ropa proviene del modo en que la cuidamos.[14] Con pequeños cambios, como lavar menos a menudo, tenderla en el balcón durante los meses más cálidos, frotar las manchas, usar un detergente líquido o en polvo sostenible o comprar ropa de fibras naturales, podemos aportar nuestro granito de arena.

He oído que hay gente que se vuelve loca buscando castañas de indias para sustituir el detergente en polvo, ya que tienen un efecto saponizante (como las nueces de jabón) cuando se mojan. No sé si es sostenible o realista esperar que la gente se haga con un alijo de castañas cada otoño. También probé a elaborar detergente en polvo (ver pág. 203), pero prefiero marcas orgánicas que ofrezcan recambios.

Desde que empezamos a usar detergente en polvo ecológico, la colada ya no emana esa fragancia sintética, lo cual tiene su parte buena y su parte mala. Mi salud lo ha agradecido, pero, como el agua de nuestra localidad contiene mucha cal, cuando lavamos la ropa a 30° C, en teoría una temperatura sostenible, el olor no es muy agradable. (Según el *Energy Saving Trust*, si lavamos a 30° C, usamos el 40 por ciento menos de energía al año que si lo hacemos a temperaturas más altas[15] y, según el *Waste and Resources Action Programme*, el agua fría no rompe las fibras con tanta rapidez, lo cual alarga la vida de las prendas). Al principio teníamos que lavar la ropa más a menudo y cruzábamos los dedos para que ese olor a rancio desapareciera. Después de muchas lavadoras y de probar distintos detergentes líquidos y en polvo, al fin descubrí que, si lavaba a mayor temperatura (entre 40 y 50° C), el olor desaparecía.

Reconozco que me sentí un poco culpable, pero después de darle muchas vueltas decidí que, en nuestro caso, lo mejor era lavar a más temperatura, tanto la ropa como las sábanas y las toallas. Habíamos contratado una eléctrica de energía verde que no quema combustibles fósiles y estábamos poniendo menos lavadoras a la semana, por lo que sí estábamos ahorrando recursos. Con solo ventilar la ropa ya no tenemos que lavarla con tanta frecuencia. Si el agua de tu localidad no contiene mucha cal, quizá no tengas que lavar a temperaturas tan altas. De hecho, cuando visitamos a familiares que viven en una zona de agua blanda, lavamos la ropa a 30° C.

En los meses más fríos y húmedos del año nos vemos obligados a usar la secadora porque, si tendiéramos la ropa en una habitación, tardaría días en secarse. Utilizo bolas 100 por cien de lana. Reducen el tiempo de secado y dejan la ropa muy muy suave.

UN APUNTE SOBRE EL LAVADO EN SECO

Aunque no suelo lavar en seco, hay prendas de ropa que deben lavarse al menos una vez al año, como abrigos o vestidos de fiesta. Si llevas estas prendas a una lavandería, te las entregan en una bolsa de plástico desechable, pero puedes evitarlo si las dejas en una bolsa de tela con una etiqueta bien grande que ponga: «sin plástico, por favor». Cuando vayas a recoger tus prendas, las habrán guardado en la misma bolsa de tela y te las entregarán sin ningún otro envase. He encontrado una empresa de lavado en seco que utiliza métodos de lavado en seco no tóxicos y que acepta que les lleve la ropa en una bolsa de tela reutilizable.

¡VE MÁS ALLÁ!

Simplificar los hábitos y productos de limpieza es una buena forma de generar menos residuos en casa, pero prueba las siguientes ideas para reducir agua y energía.

- **Acorta el tiempo de la ducha para ahorrar agua.**

- **Coloca un cubo en la ducha y aprovecha el agua para regar las plantas.**
Es muy útil, sobre todo en los meses más calurosos.

- **Apaga el aire acondicionado por la noche.**
Intenta dormir con una sábana fina y un pelín húmeda. Tiene un efecto refrescante y te ayudará a ahorrar energía.

- **Desconecta cualquier aparato electrónico por la noche.**
Desenchufa el rúter, los cargadores de móvil y la televisión y ahorrarás energía.

- **¿Puedes instalar paneles solares y generar tu propia energía?**

- **Baja unos grados la temperatura del termostato en invierno.**
Usa mantas y prendas de abrigo, incluso en casa.

- **Ordena tu correo electrónico.**
Recibir y enviar correos consume energía, así que elimina el correo basura de tu bandeja de entrada. A la larga, también ahorrarás tiempo. Date de baja de *newsletters* y publicidad automática si ya no te interesa esa información.

Capítulo 1: un Plan de Seis Semanas

CULTURA

LA VERDAD

A estas alturas, sobre todo después de tanta limpieza, quizá necesites recordar por qué empezaste a hacer todos estos cambios. Pues bien, te alegrará saber que la siguiente tarea consiste en sentarte y relajarte.

Debo reconocer que, cuando me desanimo, ver un documental o leer un libro sobre el tema me devuelve la esperanza y la ilusión. Lo sé, lo sé, no parece lo más emocionante del mundo, pero confía en mí, es el empujoncito que necesitas para recuperar las ganas de seguir con este estilo de vida. Encontrarás algunas propuestas de películas, libros y blogs en la sección Recursos, en la pág. 214.

primeros pasos

1 **Elige un documental que te interese.**
Puedes verlo con tu pareja o familia o con tus compañeros de piso. Empieza por un tema que te apasione. ¿Residuos de plástico? ¿Industria de la moda? ¿Minimalismo? ¿Agua embotellada?

2 **Hazle una visita a la biblioteca.**
Comprueba si tiene en el catálogo algún libro mencionado en la sección Recursos (ver pág. 214) o busca un ejemplar de segunda mano *online*. Si prefieres comprarlo nuevo, acude a tu librería de confianza y recuerda llevar tu bolsa de tela reutilizable.

¡VE MÁS ALLÁ!

- **Proyecta una película o documental.**
Puedes invitar a tus vecinos, amigos o familiares a ver un documental que te haya impactado.

- **Si formas parte de un club de lectura, propón algún título que aborde el problema de los residuos.**

- **Emprende una campaña para implementar más servicios de reducción de residuos.**
Puedes hacerlo en tu vecindario; es una buena forma de destacar y explicar malas prácticas. Intenta avisar a la prensa y a los políticos locales.

- **Encuentra una organización que se dedique a luchar contra sistemas que generan muchos residuos y ofrécete como voluntario.**
Si no dispones de suficiente tiempo libre, puedes hacer una aportación económica mensual.

SEMANA 5

¡A ORDENAR!

Ahora que has introducido nuevas rutinas y has empezado a usar alternativas sostenibles y reutilizables, es el momento de deshacerte de lo que ya no usas. Puede tomarte un poco de tiempo y por eso es la única tarea que te he asignado esta semana. Te animo a que, como mínimo, te tomes la molestia de dedicar unos minutos a desapegarte y deshacerte de todo aquello que no te sirve. Créeme, ¡tu futuro yo te lo agradecerá!

DESPEJA TU CASA

LA VERDAD

Se trata de un proceso largo y continuado, pero piensa que, con los años, la cantidad de cosas que entran por la puerta de mi casa se ha ido reduciendo, ya que ahora soy mucho más consciente de lo que compro. Aunque me encanta tener la casa ordenada y despejada, es algo que me cuesta mucho hacer. No soy minimalista y, de hecho, me gusta tener ciertas cosas, pero, a medida que me voy deshaciendo de cosas, me siento más ligera, menos estresada y, en general, más feliz y contenta. Soy de las que piensa que tenemos más cosas de las que necesitamos. ¿Una televisión en cada habitación? ¿Realmente nos ponemos toda la ropa del armario? ¡Por no hablar de ese cajón lleno de papeles!

Atesoramos cosas porque nos gusta verlas o porque nos recuerdan un momento especial o feliz de nuestra vida, pero acumular cosas «por si acaso» puede ser un síntoma de un problema más grave y profundo, como la pérdida de un familiar, una experiencia traumática, la soledad o incluso una depresión. Tener demasiadas cosas no solo provoca un desorden o caos visual, sino que también aumenta el nivel de estrés, ya que limpiarlas y reordenarlas nos consume tiempo y energía.

Sé que puede parecer contradictorio, sobre todo porque este libro trata de generar menos residuos, pero el objetivo principal de esta tarea es deshacerte de las cosas que ya no usas, a las que no prestas la más mínima atención y que ocupan el fondo de armarios y cajones o se amontonan en el garaje. De esta manera, otros que sí las necesitan podrán disfrutar de ellas. Le darás un impulso al mercado de segunda mano y, de forma indirecta, fomentarás que la gente busque lo que necesita en una tienda o aplicación de segunda mano antes de comprar algo nuevo.

También es una forma de darse cuenta de todas las cosas que has guardado y almacenado a lo largo de los años. Quizás encuentres algo que habías olvidado que tenías y puedas darle una nueva vida.

QUÉ HACER

Existen varios métodos para reorganizar nuestra casa; puedes centrarte en una estancia (cocina, cuarto de baño y habitaciones) o en una categoría (libros, ropa, juguetes, menaje de cocina, productos de limpieza). Hazlo como creas que te vaya a funcionar mejor. A mí me gusta hacerlo por estancias, pero te aconsejo que empieces por la habitación o categoría que, a primera vista, te parezca más asequible. Recuerda empezar por victorias fáciles o, de lo contrario, parecerá una montaña demasiado difícil de escalar.

Capítulo 1: un Plan de Seis Semanas

ANTES DE EMPEZAR

¡Cuestiónatelo todo! Cuando empieces a hurgar entre cajas y cajones, coge una cosa y pregúntate lo siguiente:

¿Lo uso o lo necesito?

¿Podría venderlo?

¿Podría donarlo?

¿Podría repararlo? Una vez reparado, ¿lo usaré?

¿Lo guardo por alguna razón?

¿Es un duplicado?

¿Existe una versión digital? ¿Puedo guardarlo en una nube?

¿Podría alquilarlo en lugar de guardarlo?

primeros pasos

1 **Clasifica las cosas en montones distintos con las etiquetas «guardar», «no lo sé», «donar», «vender», «reciclar» y «tirar».**
No te dejes llevar por el sentimentalismo cada vez que toques un objeto. Si has tomado la decisión de reorganizar una habitación, empieza por lo más fácil para disfrutar del proceso. Recuerda que todo lo que no usamos es un residuo innecesario, así que desapegarte de ello para que otros lo disfruten es la opción más sostenible.

2 **Intenta guardar recuerdos emotivos en una caja.**
¿En serio necesitamos tantas cosas para estimular la memoria y los recuerdos? A veces con un solo objeto tenemos más que suficiente. Conserva tus fotografías en una nube, por ejemplo, o imprímelas y haz un álbum de fotos.

3 **¡Organiza el resto!**
Una vez hayas decidido qué guardar, coloca todas esas cosas de una forma ordenada. Dales un «hogar», un lugar en el que vivir cuando no las uses, y recuerda guardarlas ahí siempre. No solo ahorrarás tiempo rebuscando en cajones, sino que tu hogar estará ordenado y te sentirás más sereno y tranquilo. Y ya no tendrás la tentación de comprar cosas porque no sabes dónde las has puesto.

Capítulo 1: un Plan de Seis Semanas

GUARDAR

Haz un esfuerzo y quédate solo con lo que realmente quieres. Si es ropa, pruébatela y sé sincero contigo mismo. ¿Te favorece? ¿Sigue siendo de tu talla? ¿Te lo vas a poner? Evita caer en la trampa del «por si acaso». A veces guardamos ropa por el «y si», lo cual nunca ocurre. Piensa en cuántas veces has llevado esa prenda en los últimos años.

NO LO SÉ

Es inevitable que, al vaciar un armario o un cajón, encuentres cosas que te hagan dudar. Si no estás seguro de qué hacer con ellas, espera un poco. Cuando estoy indecisa, siempre pido una segunda opinión, ya sea a mi marido o a amigos imparciales; otra opción es guardarlas en una caja durante varios meses para ver si las echas de menos o si las necesitas. Si es que no, es momento de deshacerte de ellas.

VENDER

Vender cosas que ya no necesitas es darles un valor y quien las compre seguro que cuidará de ellas.

Si es ropa de buena calidad, llévala a una tienda de segunda mano porque te darán un porcentaje del precio de venta al público. Es una buena opción porque las comprará alguien local y se reducirán el embalaje y los costes de envío. Las versiones *online* tienen un servicio similar y hay un sinfín de aplicaciones de venta disponibles.

Si utilizas este método, haz fotos decentes y comenta cualquier tara o descosido. Siempre es mejor ser honesto.

Para artículos poco comunes y difíciles de vender, puedes organizar un día de venta en casa o pedir un puesto en un mercadillo. Puede ser divertido y es una buena forma de pasar el día en familia. Pero no te pasees por otros puestecitos y vuelvas a casa cargado como una mula.

DONAR

Cuando una prenda está demasiado usada como para venderla, dónala. Hay tiendas que aceptan ropa donada y, al venderla, destinan el dinero a una buena causa.

Si tienes muebles o artículos grandes y pesados, consulta si pueden recogerlos ellos mismos o avisa al Ayuntamiento para que así se reciclen. Quizás este servicio tenga un coste económico, ¡pero valdrá la pena!

Regalarles cosas a amigos y familia es otra opción, sobre todo si les interesa algo que tú ya no usas. Pero no los cargues con cosas que no quieren o no necesitan.

RECICLAR

Todo lo que pueda reciclarse, debería reciclarse. Teléfonos, pequeños electrodomésticos, CD e incluso bombillas se pueden reciclar.

La mayoría de estas cosas deben llevarse a una tienda o servicio de reciclaje especializado. Cada vez que vayas a tirar algo a la basura, intenta averiguar si podría reciclarse.

TIRAR

Siempre habrá cosas que no podrás guardar, vender, donar ni reciclar. No te queda más remedio que asumirlo y aprender a comprar mejor en el futuro. A partir de ahora, piensa en la vida útil de todas las cosas que compras. Siempre que sea posible, devuélvele el artículo a la empresa junto con una carta explicando por qué lo envías (hablaré más sobre el tema en Semana 6, ver págs. 132-42).

UN PASO MÁS

Por fin has vaciado armarios y cajones y has vendido, donado, reciclado o reorganizado todas tus cosas. Sé que no ha sido fácil, pero no habrá servido de nada si no cambias tu forma de comprar. Ve un paso más allá y modifica tus hábitos de compra para limitar la cantidad de cosas que entran en tu casa.

• Deja de comprar por comprar. A veces, el aburrimiento nos empuja a ir de compras. Intenta hacer otra cosa, como preparar un pastel, cenar con amigos o aprender algo nuevo.

• Evita las compras impulsivas. Espera un poco y medita seriamente si necesitas eso. ¿Puedes pedirlo prestado? ¿O alquilarlo? ¿O simplemente vivir sin ello?

• Limita tu exposición a la publicidad. Sé que parece imposible, pero créeme que, si ojeas menos revistas, comprarás menos. ¿Por qué despilfarrar ese dinero que has ganado con tanto esfuerzo en cosas que no necesitas y que conllevan efectos secundarios tóxicos?

• Aprende a cuidar las cosas. Si es posible, llévalas a reparar. Mantén tus cosas limpias y sigue las instrucciones de cuidado al pie de la letra. Durarán más tiempo y apoyarás oficios cuya supervivencia peligra en el mundo actual.

• Apúntate a la moda de la economía colaborativa. La mayoría de las cosas se pueden alquilar o pedir prestadas, ya sea un coche, una bicicleta, herramientas, cámaras, electrónica, ropa, productos para bebés, juguetes, una casa de vacaciones, disfraces o libros. Pídeselo a amigos y familiares o busca en Internet empresas especializadas en alquilar artículos y productos.

• Si necesitas algo... Cómpralo de segunda mano o nuevo, pero a una empresa con una ética sostenible. Lo malo no es comprar cosas que necesitamos, sino el consumo inconsciente y excesivo.

¡VE MÁS ALLÁ!

Ordenar la casa es un proceso que nunca termina, pero con el tiempo te irás a acostumbrando y ya no supondrá un esfuerzo. Si eres una persona organizada, prueba lo siguiente:

• Márcate un objetivo y no gastes.
Márcate un presupuesto semanal o mensual que incluya la compra familiar, facturas y cualquier artículo básico para la escuela, el trabajo o la vida, pero limita los productos que no sean básicos.

• Échales un vistazo a las cosas que has metido en cajas.
Si tienes cajas almacenadas en el trastero de tus padres, ábrelas y toma decisiones.

• Despeja tus redes sociales.
Sigue solo a cuentas que te inspiren o te aporten algo.

• Sométete a una desintoxicación digital.
Date un respiro y desconéctate del teléfono, el ordenador y la televisión durante un fin de semana.

• Ordena las carpetas del ordenador y los discos externos.
Así no tendrás que comprar espacio virtual más adelante.

Capítulo 1: un Plan de Seis Semanas

¡EMPIEZA A COMPOSTAR Y HAZ ALGO!

Durante esta semana te animo a disfrutar de la magia del compostaje y a convertirte en un ciudadano activo. Quizá ya hayas empezado a compostar, sobre todo si tienes la gran suerte de tener un servicio de recogida disponible o un jardín. Pero, si has ido postergando la decisión o tus opciones son limitadas, ha llegado el momento de empezar a pensar maneras de compostar parte de los residuos que generas.

EMPIEZA A COMPOSTAR

LA VERDAD

Tardé bastante tiempo en empezar a compostar y me arrepiento de no haberlo probado antes. Para mi diminuto apartamento ubicado en el corazón de la ciudad elegí un vermicompostador de estilo escandinavo (a primera vista jamás dirías que es un vermicompostador) y se puede usar en interior y exterior, dependiendo del espacio. Sé que suena un poco raro, pero pedí una bolsa de lombrices para compostaje *online* y, unos días después, recibí un sobre con un puñado de tierra. Lo único que tuve que hacer fue meterlas en su nuevo hogar junto con trozos de papel o cartón húmedos, un poco de tierra y restos de comida para que se adaptaran a su nuevo hábitat. En cuestión de semanas ya aceptaban la mayor parte de nuestros restos de comida (salvo carne, productos lácteos y piel de cítricos).

Compostar comida es una forma natural de reciclar los restos y es fundamental para reducir la cantidad de residuos que terminan en la basura. A medida que vayas llenando tu vermicompostador, empezarás a darte cuenta de lo poco que tiras (sobre todo si has seguido todos los pasos al pie de la letra).

QUÉ HACER

El mejor consejo que puedo darte en relación con el compostaje es que empieces. Ya irás resolviendo los problemas sobre la marcha y, si lo necesitas, encontrarás muchísima información sobre el tema en Internet.

ANTES DE EMPEZAR

Investiga un poco y averigua qué tienes disponible a tu alcance. Comentaré algunas de las opciones en las siguientes páginas.

primeros pasos

1 **Usa tu sistema de compostaje.**
Empieza a utilizarlo lo antes posible.

2 **Ten cuidado y respeta el sistema.**
Si te has hecho con un vermicompostador, échale un vistazo al interior. Fíjate en si tiene moho o humedades o en si hay algún alimento que las lombrices rechazan. Si haces compost en el jardín, infórmate bien de qué puede compostarse y qué no.

3 **¡Que corra la voz!**
Explícales a compañeros, familiares y amigos qué puede tirarse en el vermicompostador y qué no. También puedes elaborar una guía o escribir una lista para consultar en caso de duda.

Capítulo 1: un Plan de Seis Semanas

RECOGIDA SELECTIVA

Es la solución más sencilla, sobre todo para quienes viven en una ciudad, así que, si dispones de ese servicio, empieza a usarlo. Quizá necesites un cubo específico para la basura orgánica que puedes recoger en algunos Ayuntamientos. Llama e infórmate bien. Cada localidad tiene sus propias normas sobre lo que aceptan y lo que no; familiarízate con el servicio local de recogida de basura. Suelen aceptar carne, productos lácteos y huesos, que son difíciles de compostar en casa o en un vermicompostador. Si las autoridades locales no ofrecen este servicio, averigua si hay un servicio privado al que puedas suscribirte.

PUNTO DE RECOGIDA

Algunos municipios han asignado una ubicación, como el mercado local, como punto de recogida de restos orgánicos. Me encanta la idea, ya que muchas veces el compostaje va directo a los agricultores que venden sus productos en el mercado. Si dispones de este servicio, pero solo puedes ir un par de veces al mes, puedes congelar los restos de comida para que no se pudran y atraigan plagas indeseadas. Guárdalos en un recipiente en el congelador y, cuando llegue el momento, ponlos en una bolsa de papel compostable y llévalos al punto de recogida.

VERMICOMPOSTADOR

Si no dispones de un servicio o punto de recogida específico para restos orgánicos, la mejor opción, en mi opinión, es usar un vermicompostador. El abanico de posibilidades estéticas es bastante amplio (hay incluso algunos diseñados para que parezcan un mueble nórdico). Puedes comprarlo en un centro de jardinería, en Internet o, si eres manitas, puedes intentar hacer uno con bandejas de plástico agujereadas (ver sección Recursos, pág. 214 para más detalles y un tutorial).

Al principio, fíjate si las lombrices evitan algún alimento en particular (cada vez que añades algo nuevo, parece que escapan de ello) e intenta mantener un equilibrio entre la cantidad de verde (restos de fruta y verdura, hojas de té y posos de café, cáscara de huevo rota y lavada) y marrón (papel de periódico, cartón, pelo, trozos de uña, retales de tela). Suelo poner los restos en una esquina para ver si les gusta o no.

Al final, añade el compost a la tierra de tus plantas, o del jardín, o regálaselo a un amigo o familiar. Incluso puedes regalarlo *online*.

COMPOSTADOR BOKASHI

Este sistema se basa en unos microorganismos naturales que fermentan los restos de comida y crean una especie de precompost. La ventaja de este compostador es que puede desmenuzar carne y productos lácteos.

Tendrás que comprar bolsas de microorganismos naturales en polvo de vez en cuando, ya que cada vez que eches restos de comida tendrás que añadir un puñado de microorganismos. El objetivo es que apenas entre oxígeno, así que debes presionar bien los restos en el compostador. Algún que otro día, el lixiviado (un producto derivado del sistema de compostaje anaeróbico) debe drenarse, así que comprueba que tu compostador *bokashi* tenga una llave o grifo para retirar el líquido. Deja que los restos de comida se fermenten durante dos semanas; pasado ese tiempo, el contenido se habrá convertido en una especie de «precompost». Se puede enterrar en el jardín o se puede añadir al vermicompostador.

Es el complemento ideal para un vermicompostador, ya que digiere la carne y los productos lácteos y además acelera el proceso para descomponer los restos de comida. A mí no me funcionó por sí solo porque tengo un espacio exterior limitado y no podía enterrar el resultado una vez fermentado. No está de más comprobar el olor. Si funciona bien, el olor recuerda a levadura y es un pelín ácido, pero si funciona mal, el hedor es insoportable.

COMPOSTADOR ELÉCTRICO

Por desgracia, no hay muchos en el mercado, pero, si estás pensando en adquirir uno, debes saber que tienen un coste añadido (electricidad) y que necesitan filtros que debes cambiar con regularidad. Los compostadores en sí también implican una inversión inicial. La ventaja es que procesan todo en un periodo de tiempo corto (pueden ser horas o un par de días), incluida comida cocinada o cruda, productos lácteos y cítricos.

COMPOSTAR AL AIRE LIBRE

Es una buena opción para quienes tienen un jardín grande. Elige un rincón donde poner tus restos de comida en una pila. Si quieres, puedes «guardar» esa montaña de compost en un cubo de basura viejo o en un recipiente con tapa, pero sin base. O compra una basura de compostaje; en el caso de que haya una base, tendrás que añadir lombrices de compostaje para que la cosa se mueva un poco.

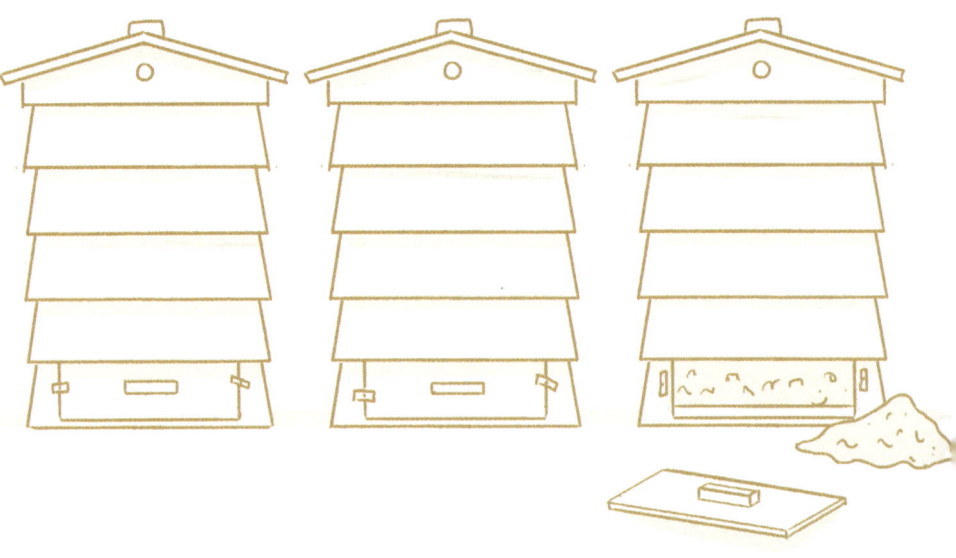

¡VE MÁS ALLÁ!

Si ya le has pillado el truco al tema del compostaje o te parece que no tienes más opciones disponibles, piensa que todavía puedes ir un poco más lejos.

• Instala un compostador para mascotas.
Si tienes espacio de sobra y una mascota, como un perro o un conejo, considera la idea de instalar un compostador específico para mascotas, pero no utilices el compost en plantas comestibles y no hagas compost de residuos de gato (ver pág. 216).

• Solicítale a la autoridad local que instale un servicio de recogida de basura orgánica.
Aunque eso implique enviarles un correo electrónico una vez al mes.

•¿Te ves capaz de gestionar un servicio de recogida de basura orgánica?
Si en tu municipio no existe uno, podría ser una buena solución.

• Si eres propietario de un restaurante o un negocio, destina un cubo para basura orgánica.
Recoge los restos orgánicos para después hacer compost. Hay varias empresas que les ofrecen este servicio a negocios familiares, por ejemplo.

¡HAZ ALGO!

LA VERDAD

Toma cartas en el asunto. Es la mejor forma de combatir la impotencia, que siempre aflora cuando hacemos ciertos cambios para reducir la cantidad de residuos que generamos. Ofrécete como voluntario para limpiar una playa de plásticos, organiza una charla de concienciación, escríbele un correo a una empresa poco sostenible... Son algunos ejemplos que fomentan cambios positivos.

QUÉ HACER

Sé creativo y piensa cómo podrías cambiar ciertos hábitos fuera de casa. Es una forma de que corra la voz y concienciar a una comunidad, pero también de recuperar la motivación y sentir que el esfuerzo ha merecido la pena.

ANTES DE EMPEZAR

Únete a un grupo que apueste por este estilo de vida. Se suelen organizar charlas, eventos y reuniones donde puedes conocer a personas que opinan como tú. Y además es un buen recurso para encontrar apoyo moral.

primeros pasos

1 Escribe una carta.
Elige una empresa que produzca artículos que has usado y cuyos envases crees que podrían mejorarse. Puedes enviar también los envases para añadir un poco más de énfasis.

2 Recoge basura.
Ya sea tú solo, con amigos o junto a un grupo organizado. Limpia la basura que hayas recogido e intenta reciclarla, si es posible.

3 Comparte lo que has aprendido hasta ahora.
Escribe un artículo en una revista local, da una charla, recomiéndales un documental que te haya parecido conmovedor a amigos u organiza una tarde de concienciación. ¡Lo que más te apetezca!

¿HE FRACASADO?

Has eliminado de tu vida los productos desechables, compras a granel y has ordenado cada cajón y armario de tu casa, pero, a pesar de todo eso, sé que no vas a poder ignorar el plástico que hay en todas partes. Una vez te das cuenta de eso, ya no hay vuelta atrás.

Sales a dar un paseo y ves botellas de plástico amontonadas en las papeleras, bolsas de plástico enganchadas entre las ramas de los árboles y envases flotando en el río. Incluso en un vuelo corto, la cantidad de desechables que nos entregan es asombrosa. Un carrito con una torre altísima de vasos de plástico desechables, botellas de plástico, vasos de cartón con tapas de plástico, cucharillas de plástico, bocadillos envueltos en plástico, chocolatinas y tentempiés recubiertos en plástico y, unos minutos después, dos bolsas de plástico recorren el pasillo para recoger todo ese plástico de un solo uso. Tranquilo, soy muy consciente de la huella de carbono que dejo cada vez que tomo un vuelo transatlántico. A eso debemos añadirle el rastro de petróleo, agua, carbono y residuos que dejamos a nuestro paso en forma de artículos gratuitos de un solo uso la mayoría… ¿Soy la única persona que lo ve?

Es la parte negativa e inevitable de este estilo de vida. De vez en cuando pensarás: ¿para qué me tomo tantas molestias si hay tantísimos residuos y tantísimo plástico en el mundo? Habrá momentos en que te sientas desesperado, frustrado e impotente, sobre todo cuando no puedas evitar comprar algo envasado, o si te sirven un zumo con pajita desechable a pesar de haber dicho «sin pajita, por favor». Es normal sentirse así, pero el tiempo todo lo cura. Me gusta recordar los cambios positivos que he hecho en mi pequeño mundo y pensar que le he aportado mi granito de arena a la causa.

También es posible que las charlas con amigos y familia se vuelvan un pelín incómodas, sobre todo al principio. No es fácil mostrar interés por la camisa o zapatos nuevos de un amigo mientras una vocecita interior murmura: «Tu camisa está hecha de poliéster, un plástico que no se biodegrada y por una empresa que paga una miseria a sus trabajadores, que, con toda probabilidad, están expuestos a sustancias químicas tóxicas que no solo son perjudiciales para su salud, sino que también contaminan ríos y el medioambiente... por no hablar de las microfibras que esa prenda suelta cada vez que la metes en la lavadora». No te enfades con nadie porque se sentirán atacados. Predica con el ejemplo. Llevar prendas de marcas sostenibles y orgánicas o de segunda mano también puede suscitar preguntas como: «Me encanta tu camisa, ¿de dónde es?». Si alguien te pregunta por tu estilo de vida, no te cortes y respóndeles largo y tendido, ¡pero no les sermonees!

Es muy fácil caer en la trampa del perfeccionismo, que puede provocar una sensación de impotencia absoluta, y eso puede llevarte al lado oscuro... ¡Y todos sabemos que es mejor evitarlo! Céntrate en lo positivo y, siempre que sea posible, recuerda que estás haciéndolo lo mejor que puedes. La perfección está sobrevalorada.

Capítulo 1: un Plan de Seis Semanas

¡Reacciona! Cómo escribir una carta

Es inevitable. Aunque reutilicemos y reduzcamos la cantidad de envases que generamos, siempre encuentran la manera de colarse en nuestra casa. Quizá hayas pedido algo por Internet que viene envuelto en plástico, o tal vez un artículo reutilizable diseñado para reducir residuos aterriza en tu casa en una caja no reciclable. Sea lo que sea, recuerda que no es culpa tuya. Durante meses me culpé a mí misma por todo el plástico que entraba en casa, hasta que decidí fijarme en los maravillosos cambios que había hecho y me di cuenta de que, en realidad, no podía controlar absolutamente todo.

Siempre que recibo un paquete con envases o embalajes innecesarios que además no se pueden reciclar, me pongo en contacto con la empresa y propongo una alternativa. Casi siempre incluyo el envase junto con la carta para añadir un poco de énfasis y les pido que se deshagan de él de forma «responsable». La mujer que suele atenderme en mi oficina de correos siempre me pregunta qué hay dentro del paquete por razones de seguridad y creo que, a estas alturas, podría adivinar mi respuesta: envases.

La opinión del cliente es un arma poderosa. Una amiga mía me contó que el director de su empresa está seguro de que, por cada opinión o valoración que recibe, hay al menos diez mil personas más que piensan lo mismo, solo que no se molestan en hacérselo saber. Con el auge de las redes sociales, es muy fácil contactar con cualquier empresa; dedicar un par de minutos a enviarles un mensaje puede marcar la diferencia.

Hay quien cree que devolver envases es un gasto de recursos (sobres, papel, gasolina), pero pienso que estas pequeñas acciones pueden tener un impacto importante y eficaz. Por ejemplo, después de que varios clientes le devolvieran las bolsas de patatas no reciclables a una marca muy conocida, la empresa ha anunciado que, en menos de un año, cambiará las bolsas por una alternativa reciclable. A nivel personal, he visto que tiendas locales ahora ofrecen reutilizables y productos a granel gracias a mis propuestas, e incluso una marca de detergente en polvo ha eliminado el cazo de plástico que venía en cada paquete.

Cuando le escribas una carta a una empresa, intenta que sea corta y amable.

A mí me gusta el «enfoque del bocadillo»; recuerda mantener un tono respetuoso y cordial siempre.

Primer párrafo. Empieza con un halago; explícales que te encanta su marca o sus productos.

Cuerpo. Comenta por qué les escribes y el problema que suponen los envases y embalajes que usan.

Último párrafo. Propón soluciones alternativas y, si es posible, da ejemplos de marcas similares que han mejorado su política empresarial (¡nada como un poco de competitividad para incentivar el cambio!). Recalca que el cambio les beneficiaría mucho, ya que ahorrarían dinero, fidelizarían a muchos clientes y mejorarían su imagen corporativa.

Prefiero no entrar en detalles medioambientales, ya que suele ser un tema «pesado». Tan solo menciono que, como cliente, no puedo reciclar el artículo de forma «responsable» y que agradecería que cambiaran su política. Nunca facilito mis datos de contacto, ya que cuando lo he hecho he recibido una respuesta casi automática basada en excusas de por qué utilizan esos envases o embalajes y no otros.

Si la idea de escribir una carta te parece tediosa y aburrida, envía un correo electrónico. No tardarás más de diez minutos en entrar en su página web y redactar un mensaje, siguiendo el enfoque del bocadillo mencionado antes. Si es posible, adjunta una imagen del envase o embalaje en cuestión para añadir más énfasis.

Por último, siempre puedes recurrir a las redes sociales. Aunque intento no dedicarles demasiado tiempo, reconozco que son muy útiles, ya que muchas empresas cuentan con un equipo que se dedica a atender y responder las quejas y opiniones de clientes a través de las redes sociales. También es una forma de animar a otros consumidores si el mensaje es público y visible, ya que se puede retuitear, por ejemplo. Así, la empresa se dará cuenta de que no somos los únicos preocupados por sus envases o políticas medioambientales. Pero recuerda ser educado. Si te muestras furioso o grosero, no te tomarán en serio.

Capítulo 1: un Plan de Seis Semanas

Primer párrafo: empiezo por un cumplido (como por qué me gusta la marca o sus productos) ↘

Estimada empresa de detergente en polvo:

Hace años que utilizo vuestros productos y siempre los recomiendo. Me encanta que uséis ingredientes naturales y reconozco que los resultados son impresionantes.

Cuerpo: por qué les escribo y cuál es el problema →

Aunque soy consciente de que los productos deben protegerse, me pregunto si alguna vez os habéis planteado usar un envase que no sea de plástico y que pueda reciclarse, ya que el que ahora utilizáis está etiquetado como «no reciclable». También quería comentar que el cazo de plástico que viene en cada paquete no es necesario para el cliente.

Último párrafo: ↗ *termino proponiendo soluciones y, si es posible, doy ejemplos de marcas similares comprometidas con el medioambiente*

He visto marcas parecidas a la vuestra que envasan sus productos en una bolsa de papel o en una caja de cartón, que pueden reciclarse con facilidad, y me gustaría proponeros que probarais a hacer lo mismo. Me he fijado en que otras empresas sugieren echar varias cucharadas de producto, de forma que el cliente solo necesita una cuchara normal y corriente. Si eliminaseis el cazo de plástico, ahorraríais mucho dinero y, además, reduciríais el plástico que usáis.

Aprovecho la ocasión para enviaros el envase no reciclable y el cazo de plástico para que lo recicléis de forma responsable.

Un saludo,

Kate

RECOGIDA DE BASURA

La idea de apuntarme a un grupo de limpieza de playas me parecía un poco agobiante. Quizá sea porque soy introvertida, pero reconozco que prefiero recoger basura cuando la veo y no de forma organizada. Desde que pongo un pie fuera de casa, si veo basura tirada en el suelo, la recojo y la tiro en el cubo apropiado o me la llevo a casa para reciclarla. Siempre es mejor que ver a un pájaro intentando comérsela en mitad de la calle.

Cuando vamos a la playa, casi siempre acabo recogiendo plásticos que el mar arrastra hasta la costa. Es algo que me molesta profundamente y, cada vez que veo algo flotando en el agua, tengo que recogerlo. Suelo usar un guante de jardinería y varias bolsas de tela reutilizables que lleno con todo lo que recojo. Una vez más, si puedo limpiar los plásticos y reciclarlos en casa, lo hago. Si no, los tiro a la basura. Cuando la situación lo permite, guardo algunos de esos plásticos para enviárselos de vuelta a la marca (cuando sé de qué marca son) junto con una carta explicando dónde los he encontrado.

DAR LA CHARLA

A pesar de haber trabajado como presentadora de televisión durante más de una década, todavía me pongo nerviosa cuando hablo en público. Sin embargo, he descubierto que, si el tema me interesa y apasiona, me resulta más fácil plantarme sobre un escenario. Si te apetece diseñar alguna que otra diapositiva y compartir tus trucos y experiencias para generar menos residuos, ¿por qué no te planteas la idea de dar una charla en el trabajo o en tu comunidad?

Comenta anécdotas divertidas y llévalo al terreno personal para que este estilo de vida no parezca una utopía inalcanzable. El objetivo es inspirar al público, no hacerlo sentir culpable. Si tienes fotografías de los artículos reutilizables que más te funcionan o de cómo haces la compra sin envases ni recipientes, añádelas a tu presentación.

Intenta centrarte en lo positivo; a nadie le gusta escuchar que está matando el planeta y a todos sus habitantes cada vez que pide un café para llevar. Quizás a esas personas no se les había ocurrido que podían hacer algo para cambiar las cosas porque son conformistas o las aceptan tal y como son.

Sé claro y directo, no te vayas por las ramas. Yo siempre utilizo las imágenes de las diapositivas para dar pie a los temas principales de la charla y siempre cuento anécdotas divertidas. Intento resaltar los cambios más sencillos y asequibles que he ido incorporando a lo largo de los años. A veces empiezo con el tráiler del documental *Un océano de plástico*. Las imágenes de gente y animales tratando de lidiar con las montañas de residuos plásticos son impactantes. Es corto, pero basta para concienciar a la gente del problema. El resto se basa en los cambios positivos que he hecho.

Entra en YouTube, busca charlas sobre residuo cero y fíjate en el conferenciante o la persona que las da. ¿Qué te parece la energía que desprende? ¿Y las imágenes que ha elegido para su presentación? ¿Da ejemplos de los cambios que ha incluido en su vida cotidiana? Intenta encontrar los puntos fuertes de la presentación. No caigas en la trampa de mencionar estadísticas para sentirte como un «experto»; a la gente no le interesan las cifras, créeme. Utiliza una o dos, pero solo sirven para hacer sentir peor al público.

Si no te apetece subirte a un escenario y dar una charla sobre el tema, ¿por qué no organizas un café matutino, o un taller, o unos vinos después del trabajo? Hay muchas maneras de compartir tus experiencias con amigos, familiares o personas interesadas en el tema. Puede que incluso haya un grupo de personas aficionadas a este estilo de vida en tu municipio.

¡VE MÁS ALLÁ!

Si quieres tomarte un problema en serio...

- **Encabeza una campaña sobre un residuo en particular.**

Es un método efectivo para combatir un problema en concreto que veas en tu zona o municipio. También podrías crear un *hashtag* en las redes sociales en referencia al problema. ¿El parque está lleno de vasos de plástico desechables en verano? Ponte en contacto con los medios de comunicación y políticos locales, explícales tu idea y empieza una campaña.

- **Crea una obra de arte a partir de residuos.**

Podría ser una escultura, por poner un ejemplo.

- **Funda tu propio grupo de residuo cero.**

Puedes compartir tus ideas y buscar apoyo.

- **Implica a tus compañeros de trabajo.**

Puedes reunirte con el director o responsable de recursos humanos y proponerles que pongan cubos de reciclaje, que pasen un documental, que sustituyan los vasos de un solo uso por reutilizables, que contraten a un conferenciante o incluso que compren un compostador para restos orgánicos.

LA VIDA SIN RESIDUOS EN ACCIÓN

Ahora que hemos introducido nuevos hábitos y rutinas en nuestras vidas, podemos empezar a aplicarlos en otros aspectos cotidianos. A continuación encontrarás otros escenarios en los que he conseguido reducir los residuos que generaba. Recuerda que cada ocasión y escenario son distintos, así que no te agobies e intenta aprender de cada experiencia. ¡Dale rienda suelta a tu creatividad y diviértete!

Capítulo 2: La Vida sin Residuos en Acción

UN ARMARIO SOSTENIBLE

¿Cuántas veces te has plantado frente a tu armario y has pensado: «¡Pero si no tengo nada que ponerme!», a pesar de que innumerables estudios han demostrado que, en muchos países, la gente no se pone ni la mitad de la ropa que tiene? ¡Qué lástima! Por no mencionar los niveles de contaminación que producen los fabricantes de ropa, o las pésimas condiciones laborales de sus trabajadores.

Me gusta la ropa, pero, desde que tengo un armario más sostenible, me gusta todavía más. Me encanta la historia que tiene cada prenda que atesoro ahí dentro. Me fascina descubrir quién la fabricó, sobre todo cuando salta a la vista que lo hizo con mimo y cariño. Soy una apasionada de los tejidos naturales de gran calidad. Incluso cuidar de esas prendas se ha convertido en una de mis prioridades.

En mi humilde opinión, la moda debería ser sostenible. No te preocupes: un armario más sostenible no implica tener que conformarse con un estilo en concreto. Eso depende de ti, y solo de ti. Si quieres tener un armario sostenible, o de residuo cero, hay varias cosas que debes tener en cuenta.

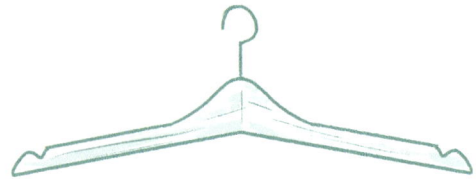

¡COMPRA MENOS!

La población mundial consume unos 80 billones de prendas de ropa nuevas cada año, es decir, cuatro veces más de lo que consumíamos hace dos décadas.[16] No hace tanto, teníamos cuatro temporadas de moda. Ahora tenemos 52, gracias a marcas de moda rápida que sacan prendas nuevas cada semana. La mayoría están hechas de materiales sintéticos baratos y no están diseñadas para que duren mucho. Comprar menos es una de las mejores formas de combatir nuestros hábitos de moda rápida, muy poco sostenibles. Intenta limitar la cantidad de ropa que compras a una o dos prendas cada temporada. Y compra solo lo que realmente necesitas.

Cada vez oímos más hablar de armarios cápsula; los adeptos a esta nueva moda eligen varias prendas, zapatos y accesorios muy versátiles y ponibles cada temporada. La idea es utilizar lo que uno tiene en lugar de introducir más prendas cada temporada. Encuentra el equilibrio pero, sobre todo, ponte la ropa que tienes en el armario.

Capítulo 2: La Vida sin Residuos en Acción

ELIGE BIEN

Pensárselo dos veces y elegir con coherencia y sensatez antes de comprar una prenda de ropa tiene recompensa: acabarás con un armario lleno de prendas preciosas que puedes llevar en multitud de ocasiones, que encajan con tu estilo de vida y que estarás deseando ponerte cada semana. ¡Despídete de las compras impulsivas!

Empieza buscando prendas de segunda mano. Son más asequibles y, además, ahorrarás recursos naturales, les darás una segunda vida y evitarás que terminen en un montón de basura.

• Si no te apetece hurgar entre la ropa de una tienda de segunda mano, puedes recurrir a tiendas que ofrecen productos de otras temporadas, a veces usados y a veces sin estrenar, a mitad de precio. Suelen tener una selección más lujosa, a veces de diseñadores, a mitad de precio.

• Si compras una prenda de segunda mano por Internet, recuerda pedirle al vendedor que no te la envíe con envase de plástico.

• Si una prenda no te sienta bien, llévala a una sastrería. A veces, con un par de arreglos, puedes recuperar prendas que hace años que no te pones.

• Las tallas suelen variar dependiendo de la marca, por lo que te aconsejo que siempre te pruebes una prenda antes de comprarla, aunque sea de tu talla habitual.

A TENER EN CUENTA

• **Durabilidad.** Busca prendas bien fabricadas y diseñadas para durar. Algunas marcas incluso ofrecen un servicio de reparación o garantía de por vida. Piensa en cuántas veces vas a ponerte esa prenda. Si el precio es elevado, considera el coste por cada día que vayas a ponértela; el mínimo debería ser de 30 veces, pero intenta llegar a las 100, o incluso más.

• **Estilo.** La moda pasa, el estilo permanece. Busca prendas que no pasen de moda con los años, como camisetas marineras, camisas lisas y básicas y un buen par de tejanos. Te aconsejo que mantengas tu estilo personal porque así no te cansarás tan pronto de la ropa.

• **Funcionalidad.** Elige prendas que encajen con tu estilo de vida. Lo que necesitamos en nuestro armario depende de nuestro estilo, de nuestro trabajo, de nuestras aficiones... No todos somos aventureros, u oficinistas, o paisajistas, o artistas...

• **Versatilidad.** Selecciona prendas que puedas ponerte de distintas maneras o que puedas llevar durante todo el año.

• **Sostenibilidad.** Si no encuentras la prenda que buscas en una tienda de segunda mano, cómprala nueva de una marca que use materiales sostenibles y con una política empresarial ética. Ahora existen muchísimas marcas que no solo ofrecen materiales de mejor calidad, sino también un servicio de arreglo o reparación (ver la sección Recursos, pág. 214).

• **Vida útil.** Alquilar un traje o pedir prestado un vestido de gala para un evento especial es una opción que puedes tener en cuenta. Pregúntales a amigos o familiares, o busca en Internet empresas de alquiler de ropa.

LISTA DE MATERIALES

- **Evita materiales sintéticos,** como el poliéster, el acrílico y el nailon, ya que se fabrican a base de petróleo. Contaminan nuestro medioambiente, desde su fabricación hasta su desaparición. Varios estudios han demostrado que los tejidos sintéticos sueltan unas microfibras en la lavadora que se cuelan por los filtros y terminan flotando en el océano.

- **Elige fibras naturales,** como el algodón, la lana, el cáñamo, la seda y el lino, ya que se pueden compostar. El tencel es una fibra artificial hecha de celulosa vegetal y, por lo tanto, es compostable.

- **Si compras algodón, que sea reciclado u orgánico.** La mayoría del algodón proviene de una semilla modificada genéticamente que requiere una gran cantidad de pesticidas y agua. El algodón orgánico, en cambio, mantiene la salud del suelo y la biodiversidad, se alimenta del agua de lluvia y aporta a los productores seguridad e independencia. Si apoyamos este tipo de iniciativas, conseguiremos que más productores se animen a cultivar algodón de forma orgánica.

- **Busca certificaciones oficiales,** como por ejemplo el de las normas de tejidos orgánicos GOTS, considerada la mejor certificación que un material orgánico puede obtener. La certificación Fair Trade (comercio justo) se traduce en la mejora de las condiciones laborales y vitales de pequeños productores que tampoco utilizan algodón modificado genéticamente. La certificación Cradle to Cradle (de la cuna a la cuna) analiza y valora los materiales y productos en cinco categorías de calidad: salud de los materiales, reutilización de los materiales, energía renovable y gestión del carbono, manejo del agua y justicia social.

- **Cuando compres prendas de piel, busca piel de curtido vegetal.** Las sustancias químicas usadas en el curtido de piel convencional hacen que la prenda no se pueda biodegradar.

- **El algodón, la lana y la seda reciclados son muy buena opción.** Sin embargo, los materiales sintéticos reciclados, como el poliéster, siempre desprenderán microfibras al sistema hidráulico.

HAZ QUE DURE

Según un estudio realizado por *Fashion Revolution*, una organización no gubernamental que lucha por unas condiciones laborales justas en la industria de la moda, el 90 por ciento de nuestra ropa acaba en la basura antes de lo necesario, gracias a nuestra cultura de «moda rápida» y a nuestros obsoletos métodos de lavado.[17] Con solo alargar tres meses más la vida de cada prenda de ropa ya reduciríamos entre el 5 y el 10 por ciento de su huella de carbono, agua y residuos,[18] así que cuidar de la ropa es muy muy importante.

• Sigue las instrucciones de cuidado de la etiqueta, pero recuerda que no hace falta lavar en seco la mayoría de las prendas delicadas; puedes usar el programa para lana de la lavadora, o incluso lavarlas a mano.

• Lavar menos cada prenda también contribuye a que dure más. Si ves que tiene una mancha, intenta quitarla sin lavar la prenda. Y, si puedes, lávala a temperatura fría, ya que mantiene mejor las fibras. Las fibras como la lana, por ejemplo, no necesitan lavarse cada dos por tres y, según expertos en tejanos, esa clase de pantalones solo debería lavarse una vez al mes.

• Arreglar y reparar es cuidar, así que invierte en prendas que incluyan un servicio de arreglo o reparación. Comprueba si la marca en cuestión ofrece este servicio cuando compres una prenda nueva. Los zapatos también se pueden reparar. Si no tienes buena mano para la costura, busca y apoya negocios locales que se dediquen a ello. Un buen especialista incluso puede arreglar los agujeritos provocados por polillas.

EL FIN

Es inevitable, en un momento u otro tendremos que deshacernos de las prendas desgastadas y viejas o que ya no encajan con nuestro estilo de vida, ¡pero nunca las tires a la basura!

• **Revéndelas.** Si están en buenas condiciones, trata de venderlas a través de una tienda de segunda mano o de una plataforma de venta por Internet. Otra opción es donarlas a una organización benéfica.

• **Reinvéntalas.** Si la prenda ya no sirve, intenta darle otro uso. ¿Podrías aprovechar la tela para hacer una bolsa de tela reutilizable (¡nunca tendrás demasiadas!) o trapos de limpieza?

• **Recíclalas.** Lleva toda la ropa que no quieras a un servicio de reciclaje de ropa; trituran la ropa y después la convierten en relleno para asientos de coche, por ejemplo.

• **Al cubo de compostaje.** Puedes compostar trozos o hilos de tela natural que sean demasiado pequeños como para reciclarse.

RESIDUO CERO EN EL TRABAJO

Tengo la suerte de trabajar en casa, pero, como vivimos en un apartamento diminuto, no me queda más remedio que ser minimalista. Me he dado cuenta de que no necesitamos una impresora porque casi nunca imprimimos nada y el coste de la tinta es excesivo. Ahora, cuando necesito imprimir algo, voy a la biblioteca municipal o a una copistería.

Doné la mayoría de los bolígrafos porque no los utilizábamos y compré un convertidor de tinta para plumas estilográficas. Encontrarás muchísimos de segunda mano en Internet; hay unos convertidores de émbolo que ni siquiera necesitan cartuchos desechables, sino que echas la tinta directamente del frasquito de cristal. Incluso encontré tinta de agallas de roble natural, pero cualquier otra funcionará.

Lo primero que debes hacer es minimizar, quedarte con lo que realmente necesitas y despedirte de todos los «por si acaso». Después, busca alternativas reutilizables, reciclables o compostables a los artículos que usas y necesitas.

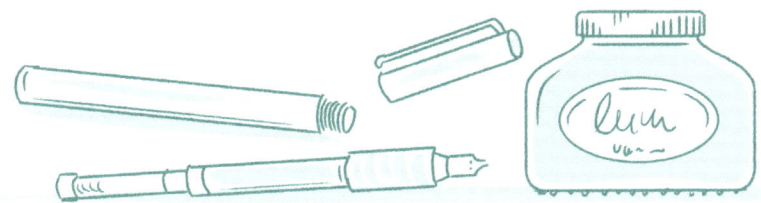

KIT DE MATERIAL DE OFICINA RESIDUO CERO

- **Pluma.** Compra una con convertidor de tinta o, si ya tienes una, compra un convertidor para ese modelo en particular.

- **Tinta.** Elige una que venga en frasco de cristal.

- **Lápiz.** Puede ser un portaminas (aunque las minas suelen venderse en envases de plástico), un lápiz de papel reciclado o un lápiz normal y corriente, de madera y sin una goma en el extremo.

- **Goma de borrar natural.**

- **Archivador.** Hecho de cartón reciclado y anillas metálicas o, para que dure más, hecho de metal. Busca separadores de cartón reciclados.

- **Cinta adhesiva de papel.** Funciona igual de bien que la cinta adhesiva de plástico y además se puede reciclar o compostar.

- **Grapadora.** Otras opciones son un clip metálico o doblar las esquinas del papel, pero siempre puedes invertir en una grapadora sin grapas metálicas.

- **Lápices de colores.** Utilízalos en lugar de un subrayador fluorescente.

- **Planificador.** Puedes usar un planificador *online* o comprar uno hecho de materiales reciclables. También puedes hacerlo tú mismo con papel reutilizado.

RESIDUOS EN EL TRABAJO

Con el paso de los años, he conocido a gente que se ha desesperado e indignado al ver la cantidad de residuos que genera su empresa. Algunos han decidido tomar cartas en el asunto y le han propuesto a la dirección usar vasos reutilizables o un sistema de reciclaje de papel. Si eres capaz de presentar una alternativa sostenible como una oportunidad para la empresa de ahorrarse dinero, además de contribuir a la mejora del medioambiente, es muy probable que la empresa te preste atención. Una vez fui de visita a una empresa muy conocida que les ofrecía tazas de café para llevar reutilizables a sus trabajadores para que salieran a tomarse un café durante el descanso. ¡Una idea brillante!

Organizar charlas también puede ser una buena forma de inspirar a los trabajadores de una empresa. Recuerdo el día que fui a un bufete de abogados a hacer una presentación informal, después del almuerzo, sobre algunos cambios muy sencillos y prácticos que había hecho para reducir residuos. Asistió más gente de la que esperaba y, al final, me hicieron un montón de preguntas, lo que demostró que estaban dispuestos a hacer tales cambios.

Si ves que la empresa y tus compañeros se muestran reticentes a cualquier cambio que implique reducir la cantidad de residuos, intenta ser positivo y céntrate en tus acciones. Predicar con el ejemplo suele inspirar a los demás, así que lleva tu taza reutilizable y menciona, con cierto disimulo, que te hacen un descuento en la cafetería de enfrente. Tus compañeros no tardarán en hacer lo mismo. Otras cosas que podrías hacer son:

• **Llevar tu propia comida en recipientes de metal o cristal.**

• **Traer un set de cubiertos reutilizables.** Si un día te olvidas el almuerzo en casa, compra comida para llevar, pero métela en un recipiente de metal o cristal propio.

• **Usar artículos compostables y reciclables.** Llévatelos a casa en lugar de tirarlos al cubo de basura común.

FORMAS DE REDUCIR RESIDUOS EN EL TRABAJO

Reutiliza sobres. Guarda material de oficina y reutilízalo más tarde. Aprovecha papel triturado o cortado en tiras, es el mejor sustituto del papel de burbujas de plástico.

Imprime por ambas caras del papel. Ajusta los márgenes para aprovechar todo el espacio. Si es posible, no imprimas; si necesitas acceder a un documento y no estás en casa, puedes hacerlo gracias a un sistema de almacenamiento en la nube.

Elige papel y material de oficina reciclados. Así podrás reciclarlo cuando ya no te sirva o, mejor aún, alguien podrá aprovecharlo y seguir usándolo.

No aceptes tarjetas de empresa. Si es necesario, toma una fotografía. Así nunca perderás ese contacto. Y plantéate si tú, o tus compañeros, necesitáis una.

¡No plastifiques!

Composta el papel triturado o cortado en tiras. O recíclalo si tu servicio de recogida de basura así lo permite.

Composta las virutas de lápiz después de afilarlo.

Compra material de oficina de segunda mano. O alquila artículos de mayor tamaño, como impresoras o fotocopiadoras.

Repara cualquier aparato que se averíe o rompa. Los portátiles y ordenadores se pueden reparar y, si no es el caso, se pueden devolver al fabricante para que los recicle.

Busca un proveedor de material de oficina sostenible. Mira qué alternativas reutilizables o libres de plástico tienen.

Envía documentos y facturas por correo electrónico en lugar de imprimirlos.

Aprovecha trozos de papel y úsalos en lugar de libretas o notas adhesivas.

Si haces envíos, compra sellos con un adhesivo que, al mojarse, se vuelve pegajoso y no los autoadhesivos, ya que son de plástico y difíciles de reciclar.

No regales productos gratuitos, como bolígrafos, llaveros o libretas de empresa. Si tienes que hacer un regalo, opta por una bolsa de tela reutilizable con el logotipo de la empresa. Además de útil también servirá como publicidad gratuita.

COMER FUERA SIN GENERAR RESIDUOS

Este estilo de vida te anima a cocinar en casa con productos orgánicos y naturales, lo cual además de ser sano y saludable también puede ser terapéutico.

Podría decirse que soy una *foodie* de manual, ¡y me encanta comer fuera de casa! Cuando hacemos la compra, tomamos decisiones que pueden repercutir en muchos ámbitos, hasta en la política. Pues lo mismo ocurre con los restaurantes. Me gusta apoyar cafeterías y restaurantes que han apostado por prácticas sostenibles, que utilizan ingredientes orgánicos y de proximidad en el menú y ofrecen artículos reutilizables. Incluso hay restaurantes que hacen un gran esfuerzo para generar menos residuos. A continuación encontrarás ideas para reducir residuos cuando vas a un restaurante:

1 Rechaza

No aceptes servilletas de papel, pajitas (aunque estén hechas de papel; ¿en serio las necesitas?), mezcladores de plástico para cócteles y condimentos envasados en bolsitas de plástico. En general, cuando entras en un restaurante y tomas asiento, la mesa ya está puesta, pero aun así puedes devolver la servilleta de papel al camarero y decir un «No voy a utilizarla, gracias», o incluso devolverla al montón de servilletas.

2 Lleva tus Reutilizables

Lleva tu servilleta reutilizable. Si crees que no os vais a acabar toda la comida, lleva también un recipiente para las sobras. Mi marido incluso tiene su propio palillo reutilizable. Cuando vayas al cine, lleva tu propio tentempié (a granel) o una bolsa de tela con palomitas (ver pág. 195).

3 Llévatelo a Casa

Si el restaurante no tiene compostador, llévate a casa todo lo que puedas compostar. Siempre que puedo, hago lo mismo con artículos reciclables.

4 Expresa tu Opinión

Si consideras que el restaurante al que has ido podría hacer las cosas un poco mejor, ponte en contacto con el gerente y házselo saber. Comenta los aspectos positivos, como la comida, el ambiente o el servicio y después haz propuestas para cambiar las prácticas poco sostenibles que han llamado tu atención.

PARA LLEVAR

Nos encanta pedir comida para llevar de vez en cuando. Intento apoyar a empresas que utilizan envases de cartón o papel de aluminio. Por ejemplo, si pedimos pizza, elijo una pizzería que me la entrega en una sencilla caja de cartón (¡sin ese trípode de plástico en miniatura!).

He descubierto que, si llevo un recipiente reutilizable a un restaurante que ofrece comida para llevar y les pido que coloquen la comida en ese recipiente, aceptan de buen grado. Algunas aplicaciones de comida a domicilio permiten que el usuario elija si quiere o no cubiertos de plástico. En caso de duda, puedes enviar un correo electrónico o llamar al restaurante y preguntarles qué clase de envase utilizan.

Capítulo 2: La Vida sin Residuos en Acción

FAMILIA Y AMIGOS

Una de las preguntas que más suele hacerme la gente que se aventura en este estilo de vida sin residuos es: «¿Cómo consigo que mi marido/esposa/novia/novio/familia o mis compañeros de piso dejen de generar tantos residuos?». Debo admitir que al principio yo también sufrí algún que otro ataque de impotencia y desesperación al ver que mi marido

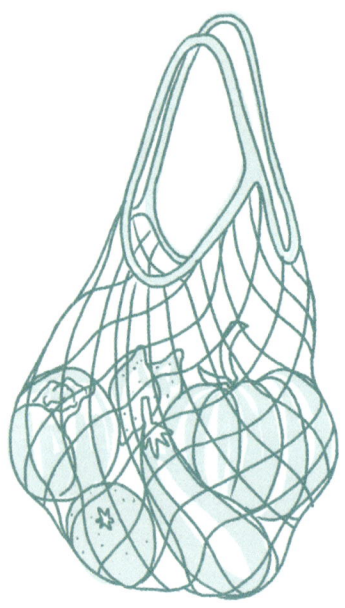

traía a casa algo en un envase desechable, o que dejaba un recibo o una factura sobre la encimera (la mayoría contiene plástico y no puede reciclarse). Ahora ya estamos en el mismo barco y es él quien suele hablar de este estilo de vida con amigos y familia. Pero se trata de una transformación lenta, así que ármate de paciencia.

Enseguida aprendí que culpar a alguien por hacer algo no sirve de nada. Y el control excesivo tampoco. Lo único que podía hacer era tomar conciencia de lo que yo hacía y tratar de implicar a mi marido siempre que fuese posible. En nuestra familia, la encargada de hacer la compra soy yo, así que, en ese aspecto, tengo la sartén por el mango.

CÓMO IMPLICAR A SERES QUERIDOS

Céntrate en tus propias acciones y predica con el ejemplo. Es mucho más efectivo que decirle a alguien lo que debe hacer. Cuando vayas a comprar, pídeles que te acompañen o regálale a tu pareja una cuchilla reutilizable, por ejemplo.

Fíjate en sus motivaciones. ¿Ahorrar dinero, mejorar la salud o aprender cosas nuevas? Comenta que tu nuevo estilo de vida consigue todo eso.

Ved un documental juntos. Elige uno que resalte algún problema, como el plástico.

Muéstrate optimista y agradecido. Felicítales por cualquier cambio que estén dispuestos a hacer.

Ofrécete para hacer el trabajo duro por ellos. Quizá quieran encontrar una alternativa sostenible a un artículo, pero no saben dónde encontrarla. Menciona que tú has visto una alternativa y que, si quieren probarla, puedes traérsela la próxima vez que vayas a esa tienda.

VISITAR A AMIGOS Y FAMILIA

Cuando soy la invitada, intento cumplir las normas que los anfitriones han establecido, aunque cuando me ofrecen un artículo desechable, trato de utilizar mi alternativa reutilizable. Nunca intentes convencer a nadie de tus ideas pero, si tienen preguntas, contéstales con educación y amabilidad. Sé respetuoso. Si me invitan a un té con bolsa de té, que contiene plástico, me tomo unos segundos para preguntarme si de veras me apetece esa taza de té. Si la respuesta es sí, la acepto y doy las gracias; otras veces pregunto si tienen café molido. Lo que quiero decir es que no soy tan estricta cuando estoy en casa de otra persona. Salir de este mundillo durante unas horas también sirve para darse cuenta de cómo vive la mayoría de la gente; es fácil olvidar lo que es «normal» y es una forma muy bonita de ver lo lejos que has llegado y todo lo que has conseguido.

EVENTOS Y CELEBRACIONES

Organizar eventos puede ser una forma maravillosa de mostrar lo fácil y hermoso que puede llegar a ser vivir sin residuos. Si a tus invitados les gusta tu estilo, te harán preguntas al respecto, pero te aseguro que, a simple vista, no notarán la diferencia.

Capítulo 2: La Vida sin Residuos en Acción

COMIDA Y BEBIDAS PARA FIESTAS

Intenta buscar opciones que puedas comprar a granel, como aceitunas, quesos o embutidos. Las galletas y pasteles pueden comprarse en panaderías o tiendas especializadas sin envases; tan solo lleva un recipiente o una bolsa de tela reutilizable. Si te gusta cocinar, puedes preparar el postre en casa, con ingredientes que has comprado a granel o en envases de papel. Como tentempié, también puedes hacer humus casero y servirlo con verduritas crudas cortadas a tiras. Las palomitas caseras son una alternativa fácil y rápida a las patatas de bolsa (ver pág. 195).

Infusiona agua del grifo con hierbas o trocitos de fruta para añadirle un toque especial. Si no te apetece hacer refrescos, cómpralos en botellas de cristal. Si tienes una máquina para hacer agua con gas, utilízala para añadirles unas burbujitas a tus bebidas o convierte el agua del grifo en agua con gas.

Sirve vino y cerveza que hayas comprado a granel. Si no dispones de esta opción cerca de casa, fíjate en el envase y elige marcas que usen el mínimo plástico posible. Los tapones de corcho se pueden reciclar, igual que las botellas de cristal. Las chapas de las botellas de cerveza suelen tener una fina capa de plástico en la cara interior, por lo que no pueden reciclarse, pero puedes guardarlas y convertirlas en decoraciones navideñas o incluso regalarlas. Como última opción, elige bebidas en latas de aluminio; se pueden reciclar y volverán a esa misma estantería en forma de lata en menos de dos meses. Intenta evitar la red de plástico que sujeta las latas de cerveza en *pack*; si terminan en el mar, pueden ser letales para los animales que viven en él.

Si tus invitados quieren traer una botella, ¡relájate! Y haz lo que puedas para reciclarla.

Dona o composta cualquier sobra o resto de comida. Si es posible, pídeles a tus invitados que traigan un recipiente reutilizable por si quieren llevarse algo de comida a casa.

TRUCOS PARA FIESTAS

• **Avisa a los invitados de que estás tratando de reducir la cantidad de residuos,** y hazlo antes de que se planten frente a tu puerta con una bolsa llena de confeti y 50 globos. Una simple explicación a través de correo electrónico puede ser muy efectiva.

• **Sustituye los artículos de un solo uso por reutilizables.** Pon cubiertos y vasos normales (o metálicos si te preocupa que se rompan) y servilletas de tela reutilizables.

• **Plantéate qué necesitas de verdad.** La decoración de fiestas, como globos y pajitas, siempre es desechable.

• **Apuesta por la sencillez.** En la decoración y en el menú.

• **Fíjate en los envases.** A veces no puedes evitar que terminen en casa, así que elige opciones que puedas reciclar o compostar en casa. Por ejemplo, cuando compres un huevo de Pascua, elige uno que venga en un envase de cartón muy sencillo.

• **Las velas son el complemento perfecto para dar un toque especial.** Elige unas hechas de cera natural, como cera de abeja, en lugar de parafina, fabricada a base de petróleo. Cuando se terminen, derrite los restos en una huevera de cartón vacía y utilízalo para encender la chimenea, por ejemplo, o composta la cera natural.

• **Si eres un invitado, no te quejes de los artículos de un solo uso que hayan dispuesto sobre la mesa.** Si es posible, pide que te dejen un plato de porcelana o un vaso de cristal (recuerda lavarlo, secarlo y devolverlo a su sitio después) o lleva una servilleta reutilizable sobre la que sostener la comida. Si lo consideras necesario, también puedes llevar tu propio vaso reutilizable.

• **Evita regalar o aceptar bolsitas con muestras gratuitas.**

NAVIDAD

Es la época del año en que más residuos generamos, entre un 25 y 30 por ciento más que el resto del año.[20] Todavía recuerdo el estrés y la presión que sentía cuando se acercaba Navidad y me recorría la calle principal en busca del regalo perfecto para cada miembro de la familia. Pero no tiene por qué ser así. Desde que me embarqué en este estilo de vida, la Navidad se basa en pasar tiempo de calidad con los seres queridos, disfrutar de una comida deliciosa, pasear y regalar un puñado de obsequios sensatos y coherentes; casi siempre son experiencias, vales o algo que realmente la otra persona necesita.

Abetos. Hace unos años compramos un abeto en maceta a una empresa de jardinería local. Lo plantamos en el balcón y, cada Navidad, lo traslado al salón. También puedes alquilar un árbol si no dispones de suficiente espacio. El árbol continúa creciendo y absorbiendo CO^2 en lugar de acabar en el vertedero.

Abetos talados. Cada año se venden alrededor de 100 millones de árboles de Navidad en Europa y Norteamérica[21]; pueden tardar años en descomponerse en un vertedero, así que contacta con el servicio de recogida de basuras local y asegúrate de que se recicla.

Árboles alternativos. Puedes decorar una rama que hayas encontrado en el bosque, o hacer un árbol de Navidad con troncos de madera o incluso decorar una planta que tengas en casa.

Árboles artificiales. Si estás empeñado en tener un árbol artificial, compra uno de segunda mano y guárdalo para ponerlo varios años. Al menos no estarás creando más demanda de plástico.

Guirnaldas de luces. Encontrar lucecitas navideñas sostenibles es todo un desafío. Llevo cinco años usando las mismas luces y espero usarlas muchos más. Son luces LED que gastan mucha menos electricidad que las normales y no se recalientan.

PAPEL DE REGALO

El papel de regalo se usa y se tira. Suele ser difícil de reciclar porque lleva una mezcla de materiales.[22] Algunas alternativas son:

Efecto sorpresa. Cúbrele los ojos y, ¡tachán! Es original y no genera residuos.

Papel de regalo reutilizable. Puedes usar un retal de tela decorativa o incluso una bolsa de tela reutilizable como papel de regalo... ¡Dos regalos en uno!

Los periódicos y revistas son un papel de regalo genial. Pero presta atención a los titulares que quedan al descubierto; mi madre una vez envolvió mi regalo de Navidad en papel de periódico y el titular decía: «¿Navidades en familia? Ni por 250 euros». ¡Gracias, mamá!

Cambia la cinta adhesiva de plástico por cordel. O por cinta adhesiva marrón, que puede reciclarse o compostarse.

DECORACIONES

No le añadas más bolas de Navidad a tu colección. Piensa en otras decoraciones, como rodajas de naranja deshidratadas, canela en rama, piñas del bosque o estrellas de pasta de sal (a pesar de mis intentos, todavía parece que las haya hecho un crío de cuatro años). También puedes comprar decoración de segunda mano o apoyar a artesanos que hacen decoraciones a mano con materiales naturales.

Usa purpurina biodegradable. La purpurina normal está hecha de diminutos trozos de plástico. El follaje natural, como ramitas o acebo, muérdago o eucalipto seco pueden añadir un toque festivo maravilloso. Busca un calendario de adviento reutilizable, el abanico es muy amplio e incluso los hay de madera.

POSTALES Y NOTAS DE AGRADECIMIENTO

Usa postales recicladas. Si te hace ilusión enviar una tarjeta, compra una hecha de materiales cien por cien reciclados, que además sea fácil de reciclar (es decir, sin purpurina ni trocitos de aluminio o espuma) y que se venda sin funda de plástico.

Envía postales navideñas electrónicas. Es una alternativa sostenible y práctica.

Revisa la lista de personas a quien mandas postales navideñas. No hace falta enviarle postales navideñas a alguien que conociste en unas vacaciones y no has vuelto a ver.

Reinventa tus notas de agradecimiento. ¿Por qué no llamar a la persona que te ha hecho el regalo o enviarle un correo electrónico?

LISTA DE BODAS

Me casé en 2014 y, aunque era una novata en este mundillo, hice lo que pude. Nunca me han gustado las bodas por todo lo alto, así que organicé una pequeña ceremonia con familia y amigos íntimos y una buena fiesta en un restaurante cercano. ¡Nos encantó! Sea cual sea el estilo de tu boda, siempre hay maneras de reducir la cantidad de bolsas de basura.

Envía invitaciones electrónicas, en lugar de invitaciones de papel. Si prefieres de papel, elige papel reciclado y asegúrate de que puedan reciclarse o compostarse después. Algunas incluso vienen con semillas que se pueden plantar si entierras la invitación.

Haz una lista de regalos que sean experiencias. Hay empresas *online* que les permiten a los invitados regalar actividades para la luna de miel a los recién casados.

Alquila decoraciones. Pueden ser vajilla, mesas, sillas, mantelería, flores e incluso el traje del novio. Algunos restaurantes ya cuentan con decoración y solo te cobrarán la limpieza de la mantelería.

Alquila el vestido o búscalo de segunda mano. Para mi boda, ya tenía un diseño muy claro en mi cabeza y, después de meses buscando, decidí pedirle a una amiga que acababa de terminar un curso de moda que me hiciera el vestido a medida. Elige materiales naturales y compra la tela que necesitas. Si diseñas tu propio vestido, intenta que sea versátil y puedas llevarlo en futuras ocasiones.

Explícale al restaurante o a la sala de fiestas que quieres reducir residuos. Coméntales que prefieres vajilla y cubertería reutilizables, pregunta si pueden compostar o donar las sobras de comida y asegúrate de que no vayan a ofrecer artículos desechables.

Elige confeti natural. Puedes comprar pétalos de flores o incluso hacerlos tú mismo. Con una perforadora y un puñado de hojas secas también puedes hacer confeti.

VIAJES

Solemos coger un par de vuelos cortos al año y un vuelo largo cada dos años. Sin embargo, viajar, sobre todo en avión, puede generar una cantidad de residuos asombrosa. Desde que llegamos al aeropuerto nos bombardean con adhesivos, etiquetas, botellas de agua desechables, vasos de un solo uso y un largo etcétera. Y eso antes de haber subido al avión. Una vez sentados, sacamos una manta sintética de su envoltorio de plástico desechable, comemos y bebemos en recipientes de plástico y con cubiertos de plástico (que acaban en una bolsa de basura minutos después) y echamos un vistazo a la lista de productos a base de sustancias químicas que aparecen entre la revista de la aerolínea.

Capítulo 2: La Vida sin Residuos en Acción

Debido a las estrictas regulaciones de las sobras de alimentos contaminadas, la mayoría de los residuos que genera un vuelo termina incinerado o enterrado. Incluso los reciclables se ponen en cuarentena o se incineran por miedo al contagio de enfermedades, plagas o pestes y, de hecho, casi ningún aeropuerto tiene cubos de reciclaje. Los residuos que se tiran no solo son los típicos, como cubiertos usados, periódicos y envases de comida y bebida, ¡también mantas y auriculares!

Además de generar residuos físicos, viajar en avión también genera contaminación, por no mencionar los problemas medioambientales relacionados con el turismo. Pero creo que viajar es beneficioso; explorar el mundo y reforzar nuestro vínculo con la naturaleza nos recuerda por qué debemos ser más respetuosos y sostenibles.

Con ser un poco previsor y decir «no» se puede evitar la mayoría de los artículos desechables que incluye cualquier viaje en avión. Es fácil pensar que esto no sirve para nada, sobre todo porque la comida que se sirve durante el vuelo siempre se tira, abierta o no. Pero si la gente empieza a rechazar esa comida llena de envases y solicita una opción más sostenible en el momento de la reserva, quizás empiecen a escucharnos. Cada artículo de usar y tirar que no aceptamos reduce la demanda de uno nuevo. Una buena forma de comunicar tu opinión es dejar un mensaje en redes sociales o enviarle un correo a la aerolínea comentando la cantidad de plástico de un solo uso que ofrece.

LA MALETA

Me gusta viajar con poco equipaje; solo llevo una maleta de cabina para evitar peso innecesario en el avión. Si necesito facturar una maleta, la comparto con mi marido para minimizar espacio. Planear con antelación es fundamental para hacer bien el equipaje. ¿Cuántas veces metemos cosas que al final no llevamos o usamos? Intenta llevar lo necesario, elige ropa versátil y mete un libro en lugar de tres. Casi todos los hoteles tienen secador y adaptadores para sus huéspedes. Y recuerda meter en la maleta artículos que te ayuden a no generar residuos durante el viaje.

REUTILIZABLES

Botella de agua y termo de café. Pídele a la azafata que te sirva las bebidas en tu recipiente. En mi caso, siempre han aceptado de buen grado, pero he oído que no siempre pasa. Si rechazan tu petición, no te lo tomes de forma personal, pero envíale un correo a la aerolínea y propón que sustituyan los artículos de un solo uso. Además de generar menos residuos, ¡ahorrarán dinero!

Auriculares. No hace falta desenrollar los que te ofrece la aerolínea, y seguro que el sonido de los tuyos es mucho mejor.

Una bufanda grande o un chal. Y así no tendrás que usar la manta sintética que viene en bolsa de plástico.

Cubiertos reutilizables. Prefiero llevar una cuchara de metal, pero también hay sets de cubiertos de bambú.

Antifaz. Muy útil para echar una cabezadita durante el vuelo.

Pañuelo. Por si estornudas o para secarte las manos.

COMIDA Y BEBIDA

Rechaza comida durante el vuelo. Lleva comida de casa para el viaje. Siempre que no haya líquidos, pasará los controles de seguridad.

Tentempiés. Prueba con tentempiés secos (verdura troceada, palomitas, bocadillos o galletas). Intenta consumirlos durante el vuelo, ya que no siempre podrás introducir comida en el país de llegada.

Filtro/esterilizador de agua. Si viajas a una parte del mundo donde se recomienda no beber agua del grifo, invierte en un filtrador de agua reutilizable para no tener que recurrir al agua embotellada. Averigua si el hotel tiene acceso a agua mineral y rellena la botella y, si la única opción es comprar agua embotellada, que sea en botellas de cristal.

BELLEZA Y CUIDADO PERSONAL

Limítate a los básicos. Elige productos multiusos y, si viajas acompañado, no lleváis dos productos iguales. Utiliza bolsas de plástico transparente con cierre deslizante; las necesitarás si llevas productos de belleza líquidos. Suelen entregarlas gratis, así que, si no tienes, acéptala y quédatela para próximos viajes.

Productos de belleza sólidos. Son perfectos si no vas a facturar la maleta, ya que no contienen líquidos. Champú sólido, pastillas de jabón, barras de desodorante en tubos de cartón o pastillas de pasta de dientes recargables en lugar de botes de plástico son algunas opciones.

Líquidos. Rellena recipientes más pequeños, perfectos para viajar.

Protector solar. Hawái ha aprobado una ley que prohíbe la venta de protectores solares con sustancias químicas (oxibenzona y octinoxato) consideradas dañinas para barreras de coral y fauna marina. Prefiero ser honesta y ponerme gafas de sol y un sombrero y ponerme siempre a la sombra. Cuando necesito protector solar, compro uno con ingredientes naturales a base de óxido de zinc no-nano que viene en un envase sin plástico. Hay varias opciones en tubos de cartón compostables o latas metálicas y, si tu tienda a granel ofrece crema solar, no lo dudes y úsala.

ANTES DE EMBARCAR...

Rellena la botella de agua. Tras pasar el control de seguridad, rellena la botella con agua de la fuente o pídeselo como favor al camarero de un restaurante.

Disfruta de un buen almuerzo antes del vuelo. Así no pasarás hambre durante el viaje, ¡y comerás mejor!

No envuelvas la maleta en plástico. Aunque el operario se lo piense dos veces antes de inspeccionar tu equipaje, si tiene que abrir la maleta, lo hará.

Descárgate el billete electrónico. No lo imprimas.

Lleva artículos reciclables. Si has usado un artículo desechable y no está contaminado con comida, guárdalo y recíclalo al llegar a tu destino.

¡Rechaza! Di «no, gracias» a comida envasada, bebida y toallitas de mano de usar y tirar.

...EN TU DESTINO

Declina el servicio de limpieza en hoteles. Hazlo siempre que puedas y participa en el programa de reutilización de toallas.

Evita artículos envasados en plástico. Suelen merodear por el minibar y en el cuarto de baño. Lleva tus productos de cuidado personal y no uses las pantuflas desechables que, además, vienen en bolsa de plástico.

Apaga las luces. ¡Y el aire acondicionado!

Apuesta por reutilizables. Incluidos vasos, tazas y cubiertos en el desayuno.

Lleva reutilizables a las excursiones. No salgas del hotel sin una bolsa de tela y tu botella de agua y, siempre que sea posible, recicla.

Apoya hoteles sostenibles. Reserva en un hotel que se esfuerce por mejorar el medioambiente y aporta tu granito de arena.

Alquila una tienda de campaña o invierte en una. ¡No la dejes tirada! Busca *glampings*, cámpines de lujo que ofrecen todo lo necesario, o invierte en una buena tienda si vas a usarla a menudo.

Compra en mercados, negocios familiares y tiendas especializadas. Ahí encontrarás fruta y otros alimentos a granel. Puedes investigar un poco antes de viajar a tu destino.

Revisa el sistema de reciclaje. Sigue las instrucciones de residuos y haz lo que puedas.

Elige comida y bebida locales. Así impulsarás la economía local y evitarás la importación de alimentos para satisfacer al turista.

Evita postales y recuerdos. No quieres más trastos (y tu familia tampoco). Haz fotos para recordar el viaje y envíaselas por WhatsApp o correo electrónico a familiares y amigos.

Comunícate. No temas preguntar. Hace unos años, mi marido y yo estábamos en Milán y solo encontramos un sitio abierto para comer, pero solo servía comida en artículos de un solo uso. Estaba en una zona de restaurantes, así que pregunté si podía usar los platos y cubiertos de otro restaurante. Al camarero le encantó la idea de que redujésemos la cantidad de plástico y él mismo fue a buscarnos los reutilizables.

TU HUELLA DE CARBONO

Además de intentar generar menos residuos mientras viajamos, es importante tener en cuenta con qué frecuencia lo hacemos y cómo lo hacemos. Un estudio ha demostrado que viajar de Londres a París en tren en lugar de en avión podría reducir las emisiones de CO_2 en un 90 por ciento. Hace poco calculé mi huella de carbono y un par de vuelos de ida y vuelta a Europa al año apenas altera mi huella de carbono, pero una visita a Estados Unidos la dispara. Existe la posibilidad de pagar un impuesto voluntario sobre el carbono cada vez que viajas en avión y, pese a no ser la solución perfecta, es una forma de demostrarles a nuestros políticos que nos preocupa el medioambiente y que no cogemos un avión a la ligera. Nadie es perfecto; sal de casa y explora el mundo, pero intenta no dejar un rastro de plástico a tu paso.

La huella de carbono que dejamos es importante, pero no debemos obsesionarnos porque no ofrece una visión global del impacto. Te aconsejo que pienses en los beneficios y efectos positivos que tus cambios sostenibles y ecológicos han tenido en el medioambiente. Por ejemplo, si tienes que coger un avión, lleva tus artículos reutilizables e intenta viajar con una maleta de cabina. No hay ninguna calculadora de carbono que tenga en cuenta la cantidad de artículos de un solo uso que has evitado durante el vuelo o la importancia de un mensaje a la aerolínea proponiendo una opción sin comida, pero aun así esas acciones tienen un impacto positivo. Sin embargo, si te apetece indagar un poco más sobre tu huella de carbono, echa un vistazo a la sección Recursos, pág. 214.

BEBÉS Y NIÑOS

Reconozco que no soy una experta en el tema. Estoy escribiendo estas líneas embarazada de mi primer hijo, por lo que mi experiencia es limitada, pero he hecho mis pesquisas e investigaciones. He charlado con amigos que tienen hijos y que han logrado simplificar su estilo de vida y reducir la cantidad de plástico que la paternidad puede llegar a generar, por lo que sé por dónde debo empezar.

Apuesta por la simplicidad. El mercado les ofrece tantas cosas «básicas e imprescindibles» a padres primerizos que es fácil olvidar que nuestros padres y abuelos lo hicieron igual de bien y con mucho menos. Nos juran y perjuran que necesitamos tal producto para que nuestros hijos duerman bien, tal otro para que crezcan sanos y fuertes... Piensa bien qué necesitas y, si te falta algo, cómpralo, ¡pero a poder ser de segunda mano!

Capítulo 2: La Vida sin Residuos en Acción

Me considero afortunada porque durante el embarazo me han regalado mucha ropa que, a pesar de haberse usado, está en perfectas condiciones. También he comprado algunas prendas de segunda mano en eBay que estoy convencida de que podré seguir poniéndome después del embarazo. Si lo piensas bien, la maternidad no implica tener que comprar un montón de ropa nueva; te aconsejo que elijas básicos sencillos y versátiles, como tejanos, camisetas y jerséis un pelín más grandes que puedas combinar con prendas que ya tienes. Pero reconozco que compré varias braguitas para embarazadas (de algodón orgánico), ¡y no me arrepiento en absoluto!

También he comprado varios libros (de segunda mano) relacionados con el embarazo y uno de los consejos que más se repite es el uso de braguitas desechables. Comenté el tema con amigas que ya son madres y me aseguraron que las compresas reutilizables y las braguitas menstruales funcionan igual de bien. Mi matrona (que es toda una experta en reutilizables) me ha recomendado unas compresas en forma de hoja reutilizables (*labia pads*) para el posparto. Puedes buscarlas en Google, pero sirven para proteger la ropa interior de posibles pérdidas.

Durante el embarazo, he intentado hacer todo lo posible para reducir residuos e incluso he insistido en reutilizar el bote para las muestras de orina que me facilitaban las matronas (¡les encantó la idea!). Pero en ciertos momentos he tenido que priorizar otras cosas; por ejemplo, durante el primer trimestre sufrí muchas náuseas y lo único que me apetecía comer eran patatas con sabor a jamón. Llamaba a mi marido para suplicarle que comprara todas las bolsas que pudiera. No podía creerse que su esposa se hubiese convertido en una embarazada que devoraba patatas de bolsa (¡de plástico!) tumbada en el sofá. Teniendo en cuenta que era la primera vez que las comía en cinco años, no quise darle más importancia al tema.

PAÑALES

Tiramos alrededor de ocho millones de pañales desechables al día, ¡solo en Reino Unido![23] A veces solo pensamos en los residuos que generamos al tirar un pañal, pero también deberíamos tener en cuenta la cantidad de recursos que se han destinado a fabricarlo y transportarlo y los materiales empleados (sintéticos casi siempre y con productos químicos nocivos). ¿De veras queremos eso para nuestros hijos? Además, los pañales desechables pueden tardar siglos en descomponerse y liberan gases invernadero nocivos.

Los pañales desechables también suponen un coste económico. En el Reino Unido, por cada euro invertido en pañales desechables, el contribuyente debe pagar 10 céntimos para su correcta eliminación, por lo que muchos ayuntamientos han implantado programas de devolución (en efectivo o en cupones) para incentivar el uso de pañales reutilizables.

PAÑALES BIODEGRADABLES

Los pañales biodegradables o compostables acaban de aterrizar en el mercado y, pese a las buenas intenciones, no disponemos de un sistema para tratarlos y eliminarlos. O terminan en el vertedero, donde no pueden biodegradarse por la falta de oxígeno, luz y agua, o contaminando la recogida de basura orgánica, por lo que no los aceptan. Si haces compost, no los añadas; si no hace suficiente calor, los patógenos que están en las heces no morirán. En algunas ciudades (sobre todo en Estados Unidos) hay empresas que se dedican a recoger pañales compostables, lo cual es una idea fantástica si no te apetece usar reutilizables; ojalá algún día esa iniciativa llegue al resto del mundo.

PAÑALES REUTILIZABLES

El único inconveniente que me viene a la cabeza de usar pañales de tela es la cantidad de detergente y lavadoras que requieren, sin olvidar el precio. He charlado con amigas que abogan por los pañales reutilizables y aseguran que la montaña de ropa sucia ya se duplica por sí sola con la llegada de un bebé porque se manchan cada dos por tres, así que añadir un par o tres de pañales a la lavadora apenas se nota. El precio de los reutilizables es elevado, pero, en general, aseguran que terminan ahorrando dinero, incluso con la subida de la factura de la luz.

Usar detergente ecológico, optar por electricidad verde generada por energías renovables o tender la ropa son formas de reducir el impacto medioambiental de los pañales reutilizables.

Varias amigas me han aconsejado que pruebe varias marcas y estilos para ver cuál se adapta mejor a mi bebé. Una forma de saber más sobre pañales reutilizables es asistir a talleres específicos. Cuidado con los de segunda mano, ya que las gomas elásticas pueden haberse desgastado. En este caso, prefiero comprar pañales nuevos y apoyar a empresas que fabrican esta clase de productos, sobre todo si usan materiales ecológicos, como cáñamo y algodón orgánico.

Quizá tengas suerte y dispongas de un servicio de lavado de pañales en tu ciudad. Si es el caso, recogen los pañales de tela sucios para lavarlos y te dejan varios recién lavados para que no te quedes sin existencias. Ten presente que los productos que emplean estas empresas quizá no sean orgánicos o ecológicos. Si encuentras un servicio que use productos de limpieza ecológicos, mejor que mejor. Y fíjate también en si entregan los pañales en una bolsa de plástico desechable.

TOALLITAS DESECHABLES

Aunque estas toallitas no son específicas para el cuidado del bebé (también las hay para la cocina), suelen usarse para limpiar manitas pegajosas, nalgas, babas... Una vez fui con una amiga a recoger basura a un muelle del río Támesis y nos quedamos de piedra al ver la cantidad de toallitas que había allí. Muchas están hechas de plástico y, diga lo que diga el envase, nunca deben tirarse por la taza del váter. Intenta elegir toallitas de tela lavables. Es tan fácil como humedecerlas con agua caliente, o puedes elaborar tu propia solución.

JUGUETES

No sé si los niños necesitan tantos juguetes en sus primeros meses de vida. Parecen conformarse con abrazos, arrumacos y siestas (¡y una caja vacía!), pero a medida que su curiosidad avanza, es fundamental disponer de ciertos juguetes. No olvides que te regalarán un montón.

Siempre que puedas, compra de segunda mano. No acumules juguetes que ya no le sirven porque ha crecido.

Intenta donar un juguete por cada uno que entre en casa. Opta por juguetes de materiales naturales, como madera, metal o tela, y no de plástico porque, además de romperse con facilidad, suelen contener productos químicos nocivos.

Evita juguetes que solo permitan una o dos acciones o muñecos de personajes de película, ya que limitan el juego imaginativo. Opta por juguetes más sencillos que inviten a la creatividad y estimulen la imaginación, como bloques de construcción, material artístico, disfraces, instrumentos musicales, juegos de mesa, pelotas y equipamiento deportivo.

Las ludotecas son una buena opción. Prestan juguetes y fomentan la economía colaborativa. Si no tienes una ludoteca cerca, puedes montar una.

Minimiza la exposición a la publicidad, y reducirás el ansia de tener más juguetes nuevos.

Trata de pasar tiempo con tus hijos, ya sea jugando, leyendo, dibujando, cantando, explorando mundo, ¡no hay nada mejor que un pastel de barro recién hecho!

Sé sensato al comprar regalos. Intenta regalar experiencias en lugar de artículos materiales. Por ejemplo, mi marido va una vez al año al teatro con su padrino desde que era un niño, y siempre espera impaciente el día. Le encanta pasar tiempo con él y ya de pequeño le hacía más ilusión que cualquier otro regalo.

Enseña a tus hijos a rechazar, reutilizar y reciclar desde pequeños y, con los años, lo harán de forma natural. Los niños son esponjas que absorben información y, además, les encanta aprender. Aluciné el día que vi a mi sobrina de siete años recogiendo basura de la playa después de oírnos charlar sobre el plástico que acaba en el océano. Incluye a tus hijos en cada cambio, explícales por qué son importantes y conviértelos en una costumbre.

MASCOTAS

Aunque sí puedes hacer algo para minimizar los residuos de tu mascota, el objetivo residuo cero es casi imposible. No te desanimes ni pretendas llevar una vida sin plásticos y sostenible perfecta. Haz aquello con lo que te sientas más cómodo y prioriza tu salud y la de tu mascota. No soy veterinaria ni especialista en nutrición animal, así que te ruego que, en caso de duda, consultes con un profesional.

De niña tenía un conejito y, pensándolo bien, era una mascota que apenas generaba residuos. No le gustaba el pienso para conejos y se pasó toda su vida mordisqueando restos de verduras, frutos secos, semillas, avena, manzana y heno. Igual que todos los conejos, ingería sus propias heces (ayuda a su digestión) y hacía sus necesidades en una bandeja con papel de periódico y paja. He descubierto que los excrementos de conejo se pueden compostar, así que los puedes repartir por tus macetas de flores o añadirlos a tu cubo de compostaje. Pero evita echarlos en plantas comestibles.

PIENSO

Todo depende de lo que tu mascota necesite comer, pero considera las siguientes opciones:

Compra pienso a granel, pero solo si la calidad te satisface. No sacrifiques la salud de tu mascota por ahorrar envases.

Usa una bolsa de papel grande si compras pienso a granel.

Hazlo tú mismo. Usa ingredientes reales.

Elige un envase reciclable.

Pídele huesos al carnicero para tu perro. Y recuerda llevar un recipiente metálico.

Sugiérele a la empresa productora que reduzca el plástico. Si compras el pienso en una tienda pequeña y familiar, pregúntales si podrían reducir los envases de plástico o si puedes llevar un recipiente para que lo llenen.

DESECHOS

Es el tema más delicado y peliagudo de una mascota. Lo ideal sería disponer de un servicio de recogida de desechos de animales, así que lo primero que debes hacer es comprobar si tu municipio hace compost con desechos de mascotas. Las heces de conejo se pueden compostar en casa, siempre que contengan materiales compostables como papel, paja o virutas de madera. Los pelos y las uñas de animales también se pueden compostar en casa.

PERROS

Comprueba si la autoridad local aconseja tirar las heces caninas por la taza del baño. Hay quien dice que es la opción más sostenible, aunque esta iniciativa tiene muchos detractores. En zonas rurales muy remotas, donde apenas hay contenedores para tirar los desechos de animales, se recomienda enterrarlos; así, reducimos el uso de plástico y les proporcionamos nutrientes a las plantas, además de ser una opción más higiénica que dejar las heces en mitad del camino.

La mayoría de las bolsitas ecológicas para recoger las heces de perro son de plástico y contienen enzimas que se desgranan en partículas de plástico más pequeñas, pero también las hay de materiales vegetales compostables. Aun así, casi todas terminan en el vertedero, donde no se pueden descomponer por falta de oxígeno y luz, o donde se incineran. Aprovecha un trozo de papel que vas a reciclar y tíralo en el cubo de basura destinado a las heces de animales y, si no tienes uno en tu barrio, llévatelo a casa. Si te apetece reducir plásticos, hay un recogedor de excrementos de cartón (ver sección Recursos, pág. 214).

Si tienes espacio en el jardín, intenta hacer compost con los desechos del perro. Debe hacerse en un contenedor distinto al de compostaje general y el producto final solo puede usarse como abono para plantas no comestibles. Corta y retira la parte inferior de un viejo cubo de plástico (con tapa) y haz varios agujeros en los lados, pero no en la tapa. Cava un hoyo en el jardín y entierra el cubo hasta la tapa. Pon una capa de papel de periódico, hojas secas o paja en el cubo y ya puedes empezar a tirar los desechos de tu perro. Tápalo y, cuando esté lleno, déjalo ahí todo el tiempo que puedas (unos dos años) hasta que se haya desmenuzado en compost. Remueve el contenido cada dos semanas. Vuelvo a repetirlo: no uses el resultado final en plantas comestibles y asegúrate de que no esté al alcance de los niños.

GATOS

Compostar los desechos de un gato no basta para eliminar las enfermedades relacionadas con las heces de gato. No las tires por la taza del baño, ya que pueden contener un parásito llamado toxoplasma que las aguas residuales no pueden destruir. Si logra llegar al mar, puede ser letal para mamíferos marinos. Puedes recoger las heces en bolsas de papel o contenedores de cartón o usar materiales naturales, como serrín, para minimizar el plástico que llegará al vertedero.

LIMPIEZA Y PULGAS

Los gatos y los conejos suelen asearse solos; si tienes un perro, puedes usar jabón de Castilla para limpiarlo o comprar una pastilla de jabón específico para perros.

Los tratamientos de pulgas son a veces necesarios para la prevención, es la clave.

Aspira tu casa al menos una vez a la semana.

Lava la camita de tu mascota con agua caliente y jabón.

Utiliza un peine antipulgas. Comprueba que tu mascota no tiene pulgas o garrapatas.

Cuidado con el uso de aceites esenciales para eliminar pulgas; pueden usarse en perros, pero no deben aplicarse en gatos.

Pregúntale a tu veterinario si puedes darle ajo a tu perro para repeler pulgas. Depende del tamaño, raza y medicación que tome puede ser una buena opción.

Prioriza su salud e inmunidad. Las pulgas tienden a elegir huéspedes vulnerables, como cachorros y gatitos cuyo sistema inmunitario no se ha desarrollado.

Considera la idea de un collar antipulgas orgánico, cuyo campo magnético repele pulgas y dura hasta cuatro años.

JUGUETES Y ACCESORIOS PARA MASCOTAS

• **Elige materiales naturales** que puedas compostar.

• **Reduce la cantidad de juguetes y quédate con sus favoritos.** Si a tu mascota le encanta destrozar juguetes blandos en un minuto, opta por algo más fuerte y duradero.

• **Reutiliza lo que ya tienes.** Una vieja pelota de tenis, un trozo de cuerda para morder (perros) o el cilindro de cartón del papel higiénico (hámsteres, conejos y gatos).

• **Si es posible, compra juguetes de segunda mano.**

• **Prioriza la durabilidad al comprar accesorios a tu mascota,** sobre todo cuando se trata de correas, camitas y cuencos para agua y comida.

RECETAS ÚTILES

Hacer las cosas tú mismo y desde cero suele tener resultados maravillosos: reduces plástico y aprovechas restos que tienes en casa. Pero no siempre es cómodo, apropiado o sostenible. Durante unos meses traté de elaborar pan, yogur y salsa de tomate en casa, pero invertía demasiadas horas en hacerlo y no era práctico. Me pasó lo mismo cuando empecé a hacer detergente en polvo y otros productos de belleza. Así que no me ha quedado más remedio que aceptar que, en ciertos casos, es mejor comprar un producto envasado en vidrio, metal o cartón y me siento orgullosa por apoyar a marcas que se esfuerzan por evitar el uso de plástico a toda costa.

Algunas de las recetas que encontrarás a continuación te ayudarán a reducir el desperdicio alimentario o los envases de plástico. También te propongo recetas de artículos que no he conseguido encontrar a granel. La lista no es exhaustiva y en la sección Recursos, en la pág. 214, encontrarás más recetas.

Prueba a hacer varias recetas para averiguar cuáles se adaptan mejor a ti, son más eficaces y generan menos residuos. Pero no sientas que tienes que elaborar todo en casa. Encuentra el equilibrio.

EN LA COCINA

Deberías poder encontrar todos o casi todos los ingredientes mencionados a granel o en envases libres de plástico. Siempre es mejor prevenir que curar, así que empecemos con cuatro cosas muy sencillas para reducir el desperdicio alimentario.

Compra poco y a menudo. Así la comida no caducará.

Prepara porciones más pequeñas. Si es necesario, ten un segundo plato ya listo.

Usa el congelador para guardar sobras. Evitarás que el pan se seque, por ejemplo, y también puedes conservar peladuras o restos de verduras para hacer caldo.

Planifica. Haz una lista y cíñete a ella. Planear los menús para la semana ayuda a minimizar el desperdicio alimentario.

Si dudas de qué cantidad comprar, pregunta. El carnicero o el pescadero pueden aconsejarte sobre qué cantidad necesitas por persona.

Compra sin envases. Así solo comprarás lo que necesitas.

He incluido las recetas que considero que funcionan mejor. La mayoría me ha ayudado a reducir envases de plástico; algunas son tan sencillas que comprar la alternativa envasada me parece absurdo.

Caldo

Preparo caldo una vez a la semana, después de zamparnos un buen pollo asado, y lo uso para sopas o para añadirles un toque de sabor a otras recetas. También lo puedes tomar solo, es delicioso. Es la receta perfecta para aprovechar restos y peladuras de verduras y huesos de carne. No soy muy quisquillosa con las cantidades, así que no tienes que seguir la receta al pie de la letra.

Ingredients

1 kilo de restos de verdura
1 carcasa de pollo o un puñado de huesos de carne (opcional)
1 cucharada de vinagre de sidra de manzana (opcional)
1 cucharilla de granos de pimienta
Sal al gusto

Procedimiento

Echa los restos de verdura y huesos de carne (si tienes) en una cazuela grande y cubre con agua, casi hasta el borde. Si has puesto huesos de carne, añade el vinagre de sidra de manzana para aprovechar los minerales y, por último, salpimienta al gusto. Lleva el caldo a ebullición, cúbrelo con una tapa y deja que hierva a fuego lento una hora para caldo de verduras, hora y media para caldo de pollo o entre 3 y 4 horas para caldo de ternera o cordero, y ve añadiendo agua si ves que ha reducido demasiado.

Con la ayuda de un colador, vierte el caldo todavía caliente en una jarra grande y después repártelo en frascos de cristal limpio. Ciérralos con una tapa y deja que se enfríen antes de meterlos en la nevera. Suele durar en buenas condiciones una semana.

Pudín de Pan

Suelo hacer migas de pan con las rebanadas que han quedado secas y, cuando la montaña se hace demasiado grande, las utilizo para hacer pudín de pan (que sirvo con una buena capa de crema pastelera, ¡vuelve la página!).

Ingredientes

150 g de pan seco desmigado
75 g de pasas (opcional)
4 huevos
500 ml de leche
70 g de azúcar, o al gusto
3 cucharadas de mantequilla derretida, y un poco más para engrasar el molde
1 cucharadita de canela
1 cucharadita de extracto de vainilla
Una pizca de sal

Procedimiento

Precalienta el horno a 180° C y engrasa la bandeja o molde que vas a usar con mantequilla. Reparte las migas o trozos de pan en el molde formando una capa y después añade las pasas, si vas a usar. Bate bien el resto de los ingredientes y vierte la mezcla sobre el pan. Hornea durante 45 minutos o una hora, depende del horno. Comprueba la cocción con un cuchillo; si el filo sale limpio significa que el pudín está listo.

Crema Pastelera

En lugar de comprar crema prefabricada envasada en lata o en tetrabrik, que contiene plástico, quise probar a hacer crema casera y resultó ser muy fácil de elaborar. Guarda la clara de huevo y añádela a unos huevos revueltos, a una quiche o a un pudín de pan. Compro el extracto de vainilla en frasco de cristal con tapa metálica, pero también puedes hacerlo tú: corta dos vainas de vainilla a lo largo, mételas en un frasco pequeño, cúbrelas con coñac, tapa bien el frasco, espera tres días, ¡y listo!

Ingredientes

1 cucharadita de maicena o polvo de arrurruz
300 ml de leche
1 yema
1 cucharadita de azúcar, o al gusto
Unas gotas de extracto de vainilla

Procedimiento

Bate bien la maicena o polvo de arrurruz con la leche y después añade la yema, el azúcar y la vainilla.

Vierte la mezcla en un cazo y deja que cueza a temperatura media sin dejar de remover. No dejes que la mezcla hierva y, sobre todo, espera a que espese un poco y tome una consistencia propia de una exquisita crema pastelera.

Tortitas

Las tortitas son el postre perfecto para convertir una cena aburrida en un banquete inolvidable. Me gustan toda clase de tortitas, tanto las americanas, más esponjosas y saciantes, como las que parecen una crep, mucho más finas y a veces crujientes. Las dos son deliciosas, dulces y muy fáciles de hacer. No compres una mezcla preparada, sobre todo porque suele venir envasada en plástico. Son ideales para desayunos, meriendas o para picar algo dulce. Toma esta receta como punto de partida y deja volar la imaginación.

Ingredientes
1 huevo grande
100 g de harina de trigo
250 ml de leche entera
Un poco de mantequilla o aceite para cocinar

Procedimiento
Bate el huevo con un tenedor en un cuenco bastante grande. Añade la harina y la leche y bate hasta conseguir una mezcla suave y sin grumos. Calienta una sartén con un poco de mantequilla o un chorro de aceite y, con la ayuda de una taza o un cucharón, vierte parte de la mezcla para hacer una tortita. Reparte la masa por la base de la sartén haciendo movimientos circulares. Cuando veas que empiezan a aparecer burbujitas en la superficie de la tortita (después de un par de minutos), dale la vuelta y deja que se haga un poco más. Si te sobra algo de masa, guárdala en un frasco de cristal en la nevera y úsala más tarde.

Para hacer tortitas de estilo americano: utiliza harina con levadura, o añádele 2 cucharaditas de levadura química a la mezcla. También puedes añadir una cucharada de azúcar para que quede más dulce, aunque yo prefiero añadir dulzor con el aderezo.

Capítulo 3: Recetas Útiles

Pasta

Durante los primeros tres años de mi vida sin plástico, no fui capaz de encontrar pasta a granel. Solo había pasta envasada en bolsas de plástico no reciclables. Así que decidí elaborarla yo misma, en casa. Ahora tengo muchas opciones disponibles en mi tienda a granel habitual, pero he querido incluir la receta igualmente por si te encuentras en la misma situación.

Ingredientes
600 g de harina tipo 00 o harina para hacer pan o pasta
6 huevos grandes

Procedimiento
Echa la harina en un cuenco grande y haz un agujero justo en el centro. Incorpora los huevos, uno a uno, y bátelos con un tenedor hasta conseguir una mezcla fina y sin grumos. Amasa con las manos hasta que todos los ingredientes queden integrados y, cuando consigas una bola suave y sedosa (unos 10 minutos de amasado), ya estará lista.

Mucha gente deja que la masa repose en la nevera durante media hora, pero yo no suelo hacerlo. Divido la masa en trozos pequeños más manejables y la estiro con la ayuda de un rodillo hasta que quede muy muy fina. Después, con un cuchillo muy afilado, la corto en tiras para que parezca espaguetis o tallarines. Hiérvela en una olla durante unos minutos para que se ablande un poco y ya puedes servirla.

Galletas Saladas Rústicas

Creo que encontrar galletas saladas que no vengan en envase de plástico es misión imposible, así que, al principio, las sustituí por una rebanada de pan o por un trozo de manzana. Pero, un día que iba de visita a casa de una amiga, decidí hacer galletas saladas caseras. La verdad es que son un tentempié perfecto y están deliciosas.

Ingredientes
300 g de harina de trigo
2 cucharaditas de sal
4 cucharaditas de aceite de oliva virgen extra
250 ml de agua

Procedimiento
Precalienta el horno a 200° C. Mezcla la harina y la sal en un cuenco, añade el aceite y el agua y mezcla bien todos los ingredientes hasta conseguir una masa pegajosa y sin grumos. Si ves que la masa te ha quedado demasiado seca, añade un poquito de agua. Estira la masa con un rodillo sobre una superficie con un poco de harina.

Corta la masa en cuadrados o rectángulos (¡o de la forma que quieras!), disponlos sobre un trozo de papel vegetal y pínchalos con un tenedor. Hornéalos durante unos 15 min, hasta que los bordes empiecen a dorarse. Coloca las galletitas sobre una rejilla para que se enfríen y guárdalas en un recipiente hermético.

Capítulo 3: Recetas Útiles

Tortillas de Trigo

Cuesta muchísimo encontrar tortillas de trigo sin envase de plástico, y por eso probé a hacerlas en casa. Las uso también como burritos, con un relleno picante de cerdo y alubias o con las sobras del día anterior.

Ingredientes
400 g de harina con levadura
1 cucharadita de sal
115 g de mantequilla, cortada a dados
250 ml de agua caliente

Procedimiento
Echa la harina y la sal en un cuenco, añade los dados de mantequilla y, con la ayuda de las manos, mezcla bien los ingredientes hasta conseguir que parezcan migas de pan. Después incorpora el agua para formar una masa, divídela en bolas pequeñas, aplástalas y estíralas con la ayuda de un rodillo sobre una superficie con un poco de harina. Deben quedar lo más finas posible. Calienta una sartén, sin ningún tipo de grasa, y cocínalas de una en una, unos 30 segundos por cada lado.

Palomitas Caseras

Son una alternativa deliciosa y sostenible a las patatas de bolsa, ya que casi todas las tiendas a granel tienen granos de maíz entre sus sacos de cereales y frutos secos. Tardas cinco minutos en hacerlas y tienen un sabor excelente. A mí me gusta añadir un poco de sal y un chorrito de aceite de oliva, o sirope de arce, después de hacerlas, así que te aconsejo que dejes volar tu imaginación y pruebes con distintas hierbas aromáticas, especias, chocolate fundido... ¡las posibilidades son infinitas!

Ingredientes
Un poco de mantequilla o aceite
Granos de maíz

Procedimiento
Calienta una cazuela grande con un poco de mantequilla o aceite de oliva en la base y después echa un puñado o dos de granos de maíz. Cubre la cazuela con una tapa y escucha cómo explotan. Aparta la cazuela del fuego cuando dejen de explotar, añade tu aderezo y, ¡a disfrutar!

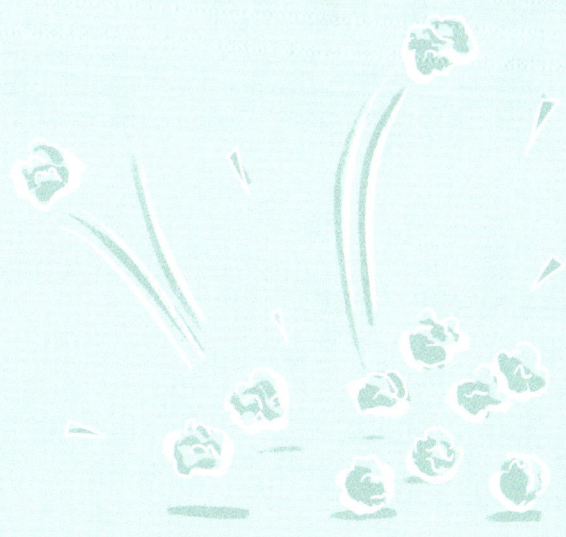

Capítulo 3: Recetas Útiles

Yogur

Si no puedes comprar yogur en envases retornables, rellenables o de cristal en una tienda cercana o en el mercado de tu municipio, te animo a probar esta receta. El yogur probiótico es un buen comienzo, y además lo puedes aprovechar para las futuras tandas de yogur. No tires el suero de la leche, ya que contiene muchas proteínas y puedes añadírselo a batidos, purés de patatas, huevos revueltos o incluso tortitas. Merece la pena invertir en un termómetro de cocina (puedes encontrarlo de segunda mano).

Ingredientes
1 litro de leche entera
120 ml de yogur probiótico

Procedimiento
Calienta la leche en un cazo hasta que alcance los 90° C. Retira el cazo del fuego e introdúcelo en un recipiente con agua fría, o en el mismo fregadero. Deja que enfríe hasta alcanzar los 45° C. Saca el cazo del agua fría, añade el yogur probiótico y bate bien la mezcla. Cubre el cazo con una tapa y resérvalo en un lugar seco durante una noche o, como mínimo, 8 horas. Si la consistencia es más bien líquida, puedes poner una estopilla en el colador para retirar el exceso de líquido (suero). Guarda el yogur en un frasco de cristal esterilizado en la nevera. Lo puedes conservar hasta dos semanas. Recuerda que debes apartar media taza (120 ml) para la próxima tanda de yogures.

TRUCOS PARA APROVECHAR RESTOS DE COMIDA

• **Sobras de fruta y verdura.** Puedes añadirlas a batidos, sopas, salsas y sofritos.

• **Peladuras y trozos que te hayan sobrado de zanahorias, cebollas, puerros y ajo.** Guárdalos en el congelador y úsalos para hacer caldo.

• **Hojas de remolacha.** Puedes comerlas como si fuesen espinacas o acelgas. Sofríelas con un poco de mantequilla o aceite y añádeselas a un sofrito.

• **Hojas de coliflor.** Solemos tirarlas, pero son un tentempié delicioso. Empápalas con aceite de oliva, espolvorea algunas especias y hornéalas hasta que queden bien crujientes.

• **Semillas de calabaza.** Son perfectas para picar entre horas. Mézclalas con mantequilla fundida, sal y especias y hornéalas durante 15 min a 150° C.

• **Vísceras y otros cortes de carne.** Suelen terminar en el cubo de la basura, así que intenta incorporarlos a tus comidas de vez en cuando, ¡arriésgate!

• **Pieles de cítricos.** Sécalas en el horno y consérvalas en un frasco hermético. Las puedes usar en pasteles, tés y chocolate caliente, por ejemplo.

LIMPIEZA

Me encanta que en el armario de la limpieza solo haya un puñado de elementos con los que, si los mezclo, puedo hacer productos de limpieza versátiles y eficaces siempre que quiera.

A continuación te propongo varias ideas que pueden resultarte útiles.

Readapta y rescata botes y frascos vacíos. Necesitarás varios recipientes reutilizables, además de pulverizadores y frascos rellenables.

No te quedes corto y haz siempre de más. Es mucho más fácil y, a la larga, ahorrarás tiempo.

Simplifica lo que necesitas. ¿En serio necesitas ese montón de productos distintos, o un producto para cada cosa? Te animo a probar productos multiusos.

Reduce la colada. Quita las manchas de la ropa y tiéndela en lugar de usar la secadora.

Si no te apetece hacer tus propios productos de limpieza y tu tienda a granel ofrece el servicio, no lo dudes y aprovéchalo. Yo hago un poco de cada. A continuación, encontrarás las fórmulas que mejor me han funcionado para tener la casa como una patena.

Capítulo 3: Recetas Útiles

Pulverizador de Limpieza Multiusos

Se trata de un pulverizador eficaz y versátil que uso para desinfectar las superficies de casa. A veces dejo en remojo unas pieles de limón en un frasco de vinagre durante una semana, o incluso más, y después lo diluyo para conseguir una versión aromática, así que te animo a experimentar con hierbas como el romero o el eucalipto.

Ingredientes
1 parte destilada de vinagre blanco
1 parte de agua

Procedimiento
Mezcla una cantidad idéntica en volumen de vinagre blanco y agua y guárdala en un bote con pulverizador de cristal o de metal.

Forma de empleo
Pulveriza la superficie con el producto y después pasa un trapo por encima para limpiar y desinfectar la encimera de la cocina, el fregadero, la nevera, los pomos de puertas, juguetes, mesas, superficies de baño, ventanas, espejos y cualquier cristal. No lo utilices en granito o mármol; para estos casos, consulta el pulverizador desinfectante de vodka en la siguiente página.

Pulverizador de Vodka Desinfectante

El vodka es una buena alternativa al vinagre y puede usarse sin riesgo alguno en superficies de granito y mármol (a diferencia del vinagre). Si te decantas por esta opción, intenta comprar el vodka en botella de cristal. El vodka puro también es perfecto para limpiar cristal.

Ingredientes
125 ml de vodka
125 ml de agua
15 gotas de aceite esencial a tu elección (opcional)

Procedimiento
Vierte todos los ingredientes en un bote con pulverizador y agítalo bien para mezclar los ingredientes.

Forma de empleo
Si quieres desinfectar las superficies del baño y la cocina, pulverízalas con el producto y después pasa un trapo.

Carbonato de Sodio

Para aquellos que no podáis encontrarlo a granel o envasado en caja de cartón, aquí tenéis la fórmula para hacerlo en casa. Siempre hago de más y lo guardo en frascos de cristal para así tenerlo listo cuando me apetece elaborar otros productos de limpieza.

Ingredientes
Bicarbonato de sodio

Procedimiento
Es muy fácil: dispón una capa muy fina (de unos 5 mm) de bicarbonato de sodio sobre una hoja de papel vegetal y hornéala a 250° C durante una hora. Remueve el bicarbonato de vez en cuando. Cuando saques la bandeja del horno, fíjate en la textura; debería ser más granulosa y de un color más apagado y un pelín más gris que al principio. Pues bien, ya has hecho carbonato de sodio, también conocido como cristales de sodio. Una vez se haya enfriado, guárdalo en un recipiente hermético.

Forma de empleo
Puede usarse para elaborar varios productos de limpieza, como detergente para lavavajillas o para ropa (ver página de la derecha). Si vives en una zona de agua dura, es decir, que contiene muchos minerales, puedes añadirle 2 cucharadas al tambor de la lavadora.

Detergente para Ropa

Te aconsejo que, antes de probar la fórmula que te propongo, intentes encontrar una marca orgánica que puedas comprar a granel, ya que la eficacia del detergente casero puede variar; todo depende del tipo de lavadora que tienes y de la calidad del agua de tu municipio. Además, se tarda una eternidad en rascar y rallar todo ese detergente. Pero, si te apetece probarlo, aquí tienes.

Ingredientes
- 1 pastilla de jabón de Castilla desgranada, entre 100 y 150 g
- 1 taza de 250 ml de sustituto de bórax (envasado en una caja de cartón)
- 1 taza de 250 ml de carbonato de sodio (ver página anterior)

Procedimiento
Mezcla todos los ingredientes en un cuenco y guarda la mezcla en un recipiente hermético.

Forma de empleo
Añade 2 cucharadas de detergente en polvo por cada 6 kg de colada. Si el tambor de tu lavadora es más grande, añade un poco más.

Detergente para Lavavajillas

Si no encuentras pastillas para el lavavajillas que no sean de plástico o te apetece reducir la cantidad de productos de limpieza, prueba la siguiente fórmula. No tardarás nada y funciona la mar de bien.

Ingredientes
4 partes de carbonato de sodio (ver pág. 202)
1 parte de ácido cítrico
1 parte de sal marina

Procedimiento
Mezcla todos los ingredientes en un cuenco y guarda la mezcla en un recipiente hermético.

Forma de empleo
Echa el detergente en polvo en el compartimento correspondiente y pon en marcha el lavavajillas. Utiliza vinagre blanco para el aclarado y ajusta algunos parámetros dependiendo de la calidad del agua de tu municipio. ¡Este último consejo fue toda una revelación para mí! Échale un vistazo al manual y consulta la dureza, es decir, la cantidad de minerales, del agua que abastece tu zona.

Limpiador de Horno

¡Adiós a esos limpiadores de horno tan fuertes y molestos! La mayoría de los productos que ofrece el mercado exige una ventilación continua durante su uso y además siempre me lloraban los ojos y me escocía la garganta. Pero con esta fórmula eso no pasa.

Ingredientes
125 ml de agua
200 g de bicarbonato de sodio
1 cucharada de jabón de Castilla líquido o de lavavajillas orgánico líquido

Procedimiento
Mezcla todos los ingredientes en un cuenco hasta formar una pasta.

Forma de empleo
Aplícalo en el interior del horno con la ayuda de una esponja o un estropajo y deja que actúe durante 30 minutos. Retira el producto con agua caliente, es decir, con un paño reutilizable húmedo hasta que quede totalmente limpio.

PRODUCTOS DE BELLEZA

Elaborar productos caseros es una opción, pero no la única. Si prefieres comprarlos ya elaborados y listos para usar, échale un vistazo a la sección Recursos de la página 215 y comprueba qué tienes a mano por tu ciudad.

Aquí tienes algunos trucos para empezar.

Piensa en lo que utilizas. Dedícale tiempo a averiguar qué necesitas.

Conserva o compra recipientes de cristal o de metal reutilizables. Los necesitarás para guardar los productos de belleza.

Prueba productos nuevos. Si no encuentras tu producto favorito en envase sostenible, busca una alternativa que apueste por materiales reciclables y ponte en contacto con la empresa para proponerles que cambien de política medioambiental.

Minimiza. ¿Puedes usar un mismo producto para varias cosas? El mercado ofrece productos que funcionan muy bien para distintas aplicaciones.

No te dejes engañar. Hay productos que siempre vas a tener que comprar porque no puedes elaborar una alternativa casera sostenible. Un ejemplo es la crema de protección solar.

Hay fórmulas que a mí me funcionan de maravilla. Te animo a que las pruebes y, si no te van bien, a que introduzcas algún cambio.

Hidratante Corporal

Se trata de una crema corporal muy hidratante que dura varias horas. Me gusta usarla después de ducharme. En invierno, cuando tengo la piel más seca y tirante, también la uso en el rostro. Puedes usar aceite de jojoba, aceite de hueso de albaricoque, aceite de oliva o aceite de girasol.

Ingredientes
- 125 ml de manteca de karité
- 4 cucharadas de aceite
- 10-15 gotas de tu aceite esencial favorito (opcional)

Procedimiento
Mezcla bien todos los ingredientes con una batidora eléctrica durante unos cinco minutos (si lo haces a mano tardarás bastante más). Con la ayuda de una cuchara, guarda la crema en un frasco de cristal con cierre hermético.

Forma de empleo
Aplícalo sobre la piel con un suave masaje.

Acondicionador con Aclarado de Vinagre de Manzana

Si te da la sensación de que las pastillas de champú dejan un poco de residuo en el cabello, este acondicionador te ayudará a retirarlo y además aportará suavidad e hidratación a tu melena.

Ingredientes
1 parte de vinagre de sidra de manzana
5 partes de agua caliente

Procedimiento
Mezcla el vinagre y el agua caliente.

Forma de empleo
Aplica un poco de acondicionador por todo el cabello y masajea el cuero cabelludo con mucho cuidado. Si notas que el olor a vinagre es demasiado fuerte, puedes diluirlo un poco más. Suelo tener un frasco de vinagre de sidra de manzana y un frasco metálico vacío en la ducha y, cuando lo necesito, hago la mezcla ahí mismo y lo utilizo de inmediato.

Capítulo 3: Recetas Útiles

Mascarilla Facial de Arcilla

Es una mascarilla facial muy muy sencilla. Elige una arcilla que se adapte bien a tu tipo de piel. A veces cuesta encontrar arcillas a granel, así que busca una que se venda en frasco de cristal.

Ingredientes
arcilla de bentonita (o arcilla verde)
agua

Procedimiento
Echa la arcilla que puedas necesitar para una mascarilla facial en un cuenco y añade agua hasta formar una pasta. Evita usar una cuchara o recipiente metálico, ya que puede dañar la arcilla de bentonita.

Forma de empleo
Aplica la mascarilla con un suave masaje y deja que seque durante 10 o 15 minutos. Empapa una toallita facial reutilizable con agua caliente y retira la mascarilla con cuidado.

Bálsamo Multiusos

Suelo utilizarlo como bálsamo labial, pero también puedes aplicarlo sobre parches de piel seca o, si sientes que necesitas una dosis extra de hidratación, en todo el rostro. También puedes usarlo para proteger prendas de cuero o muebles de madera... ¡es un verdadero multiusos! Te recomiendo que uses aceite de oliva o de girasol, ya que los encontrarás a granel sin problema, aunque también puedes usar aceite de jojoba, de argán o de almendra si los puedes comprar a granel o en frascos de cristal.

Ingredientes
1 cucharada de cera rallada (compro una pastilla grande y la rallo en casa)
4 cucharadas de aceite

Procedimiento
Introduce la cera y el aceite que hayas elegido en un frasco de cristal. Pon un cazo a calentar, con un poco de agua (unos 2,5 cm) y a fuego medio. Coloca el frasco dentro y cuando la mezcla se haya derretido, viértela en un frasco de cristal o de metal pequeño y deja que se enfríe hasta que solidifique.

Forma de empleo
Aplícalo sobre labios resecos o en cualquier otra zona corporal que creas que necesita un poco de hidratación.

UN APUNTE FINAL

Espero de todo corazón que este libro te haya servido como fuente de inspiración para dar un cambio radical en tu vida que implique generar menos residuos. Aunque te embarques en esta aventura, enseguida te darás cuenta de que todavía queda mucho trabajo por hacer. ¿Podrías convertirte en un pionero en la eliminación de prácticas poco sostenibles, contaminantes e ineficientes? ¿Podrías diseñar un producto reutilizable o reparable que todavía no existe en el mercado? Si no dispones de una tienda a granel en tu municipio, ¿por qué no te planteas la idea de abrirla tú mismo? Así toda la comunidad podría aprovecharse de los beneficios y rellenar sus propios recipientes y bolsas con productos e ingredientes a granel. Si eres un manitas y se te da bien reparar aparatos electrónicos, podrías montar un taller con otros voluntarios para enseñar a arreglar electrodomésticos que han dejado de funcionar. ¡Abre un negocio de productos de belleza orgánicos y rellenables! Sea cual sea tu pasión, utiliza tus habilidades y talentos para marcar la diferencia y hacer de este estilo de vida algo apetecible y atractivo. Normaliza esos cambios y rutinas y conviértete en el cambio que ansías ver en el mundo.

Kate

RECURSOS

TIENDAS QUE VENDEN ALTERNATIVAS REUTILIZABLES O DE RESIDUO CERO

Eco-boost.co/shop: una cuidada selección de los productos que más utilizo.
Acalaonline.com: productos de belleza y bienestar.
Etsy.com: productos de belleza y cosmética libres de plástico y de residuo cero, y productos cotidianos.
Boobalou.co.uk: productos cotidianos de residuo cero.
Lifewithoutplastic.com: productos cotidianos de residuo cero.
Packagefreeshop.com: productos cotidianos de residuo cero.
Buymeonce.com: especializada en productos sostenibles y duraderos. La mayoría vienen con una garantía de por vida y servicio de reparación.
Sinplastico.com: página española que ofrece productos cotidianos de residuo cero.
Boutiquezerodechet.com: página francesa que ofrece productos cotidianos de residuo cero.
Biome.com.au: página australiana que ofrece productos cotidianos de residuo cero.
Greentulip.co.uk: productos cotidianos de residuo cero y regalos éticos.

BEBÉS Y NIÑOS

Funkymonkeypants.com: ropa y accesorios orgánicos para bebés.
Thelittlegreensheep.co.uk: ropa y accesorios orgánicos para bebés.
Realnappiesforlondon.org.uk: consulta su guía de pañales reutilizables.

PRODUCTOS DE SEGUNDA MANO

eBay.co.uk: compra y vende productos de segunda mano (asegúrate de seleccionar la opción «subasta» o «usado»).
Gumtree.com: compra, vende o regala todo tipo de cosas.
Freecycle.org: solicita o regala cosas sin coste alguno.
Olioex.com: solicita o regala cosas sin coste alguno, incluido comida.
Vestiairecollective.com: ropa y accesorios de diseño de segunda mano.
Oxfam.org.uk/shop: tienda *online* solidaria
Amazon.co.uk: genial para libros de segunda mano.
Depop/Vinted: aplicación de ropa de segunda mano.

CALCULADORAS DE HUELLA DE CARBONO

Myclimate.org
Carbonfund.org

TIENDAS A GRANEL CERCANAS

App.zerowastehome.com
Thezerowastenetwork.com
Zerowastenear.me
Pebblemag.com/magazine/doing/plasticfree-shopping-13-of-the-uks-best-zerowaste-stores: lista de tiendas a granel en Reino Unido.

HACER LA COMPRA SIN PLÁSTICO

sinplastico.com
unpackedshop.es
laecocosmopolita.com/usaryreusar
ceroresiduo.com
everuseshop.com

PAPEL HIGIÉNICO SIN PLÁSTICO

Whogivesacrap.org
Greencane.com
Hellotushy.com: accesorios de bidé.

BELLEZA Y CUIDADO PERSONAL

Etsy: busca «maquillaje residuo cero».
Acalaonline.com
Beautykubes.co.uk
Elatebeauty.com
Zaomakeup.co.uk
Fatandthemoon.com
Lamazuna.com
Plaineproducts.com
Scence.co.uk
Kindbeeuty.com
Packagefreeshop.com
Contentbeautywellbeing.com
Fairsquared.info/fairtrade-products-en/zero-waste/
Shethinx.com: braguitas de menstruación
Gladrags.com: productos para la menstruación.
copasmenstruales.com: copas menstruales.

MASCOTAS

Scoopeasy.biz: recogedores de cartón para perros.
Becopets.com: pienso y accesorios orgánicos

RECURSOS

CAJAS DE RECICLAJE SIN PLÁSTICO

terracycle.com/es-ES

GUÍAS

Guía de ropa sostenible: eco-boost.co/sustainable-style-guide/
Consejos para abrir una tienda a granel: Thezerowasteshop.co.uk/pages/zerowaste/create-your-own-zero-wasteshop/
Cómo hacer una bolsa de cartón con papel de periódico: Instructables.com/id/How-to-Make-a-Bin-liner-Our-of-Newspaper/
Recetas de aprovechamiento: LoveFoodHateWaste.com y Zerowastechef.com
Cómo hacer tu propio cubo de compostaje: Youtube.com/watch?v=JvUgdDZx66E&t=101s
Compostar excrementos de perro: https://www.nrcs.usda.gov/Internet/FSE_DOCUMENTS/nrcs142p2_035763.pdf

SERVICIOS DE COMPOSTAJE

gesreman.com
reciclo.com
tradebe.es/es/product/compostaje

PELÍCULAS

La mayoría están disponibles en Netflix o en alquiler *online*:
Un océano de plástico
Bag it
A Plastic Tide
Tapped
El verdadero precio
Minimalismo
River Blue
Soil Carbon Cowboys (en Vimeo)
Seed: The Untold Story
Antes que sea tarde
Una verdad incómoda
Una verdad muy incómoda: ahora o nunca

LIBROS

La historia de las cosas, de Annie Leonard
Slow Death, de Rubber Duck, Rick Smith y Bruce Lourie
Crianza con simplicidad, de Kim John Payne
Tox IN Tox OUT, de Rick Smith y Bruce Lourie
A Life Less Throwaway, de Tara Button
Residuo cero en casa, de Bea Johnson
Unprocessed, de Megan Kimble
Limpieza natural, de Becky Rapinchuk

BLOGS

Zerowastehome.com
Trashisfortossers.com
GoingZeroWaste.com
Ecocult.com
Zerowastechef.com
Myplasticfreelife.com
Mamalina.co
Therogueginger.com
Sarahwilson.com
LeotieLovely.com

ENTIDADES BENÉFICAS Y BASES DE DATOS

Sas.org.uk (Surfers Against Sewage)
Mcsuk.org (Organización de Conservación Marina)
Plasticpollutioncoalition.org
Ellenmacarthurfoundation.org
Fashionrevolution.org
Soilassociation.org
Hubbub.org.uk
Wasteaid.org
Sustainablefoodtrust.org
Recyclenow.com
Textileexchange.org
Loveyourclothes.org.uk/care-repair

ESPECIALISTAS EN REPARACIÓN

iSmash.com
Clothes-doctor.com
Therestartproject.org
RepairCafe.org

ALQUILER

Libraryofthings.co.uk, en Londres
Renttherunway.com
Wearthewalk.co.uk
Rentuu.com
Zipcar.com
Girlmeetsdress.com

EVENTOS

Paperlesspost.com
Greenvelope.com
Buyourhoneymoon.com
Patchworkit.com

VIAJES

Loco2.com (trenes y buses)
calculator.carbonfootprint.com/calculator.aspx?lang=es
Carbotax.org

ÍNDICE

acampada 16-17, 173
aceite de oliva 86, 90
aceites 86, 90, 106, 201, 208
aceites esenciales 106, 201, 208
ácido cítrico 105, 204
actualizarse 62
acumular 19, 117
agenda telefónica 44
ahorrar dinero 28
aire acondicionado 111
algodón 150
alquilar 149, 168
aluminio 21, 164
antibacterianos 100, 106
aprender cosas nuevas 32, 33
árboles 166
arcilla 90, 210
arte 142
artículos de segunda mano 17, 37, 57, 117, 120-1, 148, 152, 156, 166-8, 175, 178-9
artículos gratuitos 57, 58, 156, 165
artículos raros 53
artículos sanitarios 18, 68, 69, 71, 89
aseo 182
asma 94, 97
aspiradores 107
auriculares 171

bacterias 47
bálsamo, multiusos (receta) 211
baños 82-90
bastoncillos oídos reutilizables 69
bebés 175-9
bibliotecas 44, 113, 179
bicarbonato de sodio 29, 86-8, 97, 103-4, 107, 202,
bodas 168
bolígrafos 153, 154
bolsas
    de plástico 49, 57
    reutilizables 9, 39, 67-8, 72, 74-8, 81, 173
bolsas mascotas 181
botellas
    vidrio 49, 69, 78, 164, 199
    reutilizables 18-19, 39, 66-8, 72, 171-2
botellas de agua reutilizables 18-19, 39, 66-8, 72, 171-2
BPA 57

café 47, 70
caldo (casero) 188, 197
calefacción central 111
calidad del suelo 35
cartas 167
castañas 109
castaño de Indias 12
catálogos 44
celebraciones 163-8
cerveza, relleno 49, 78, 164
'Cinco erres' 14-24
    ver también reciclar; reducir; rechazar; reutilizar; recuperar
cocinar 30, 157
comer carne 35
comercio justo 150
comida
    compra 73-81
    envases 30, 31, 165, 187
    fiestas 164
    recipientes reutilizables 67-9, 73-8, 80-1
    residuos de pesticidas 30
    sin envases 28
    y mascotas 181
    y viajes 171-3
compostaje 9, 23, 28, 124-31, 152, 156, 158, 164, 177, 180-2
compra *online* 79
comprar 8-9, 32, 73-81, 122
comprar a granel 27, 48-9, 74, 78-9, 81, 86-7, 90-1, 103, 173, 181
confeti natural 168
consumo 36
contenedores 54, 107
copas menstruales 18, 68, 69, 71, 89
corcho 164
correo basura 45, 46
correos electrónicos 111, 156
cosméticos 29, 34, 61, 69, 82-3, 91-5, 172
    caseros 207-11

Índice Alfabético

Cradle to Cradle, certificación 150
crema corporal (receta) 208
crema pastelera (receta) 190
cristal
    botellas 49, 69, 78, 164, 199
    frascos 67, 69-71, 76-8, 199
    reciclaje 21, 164

cubiertos 68, 155, 165, 171
cubos de *bokashi* 129-30
cuchillas 69, 88
cuero 150
cuidado personal 82-90, 95, 172
charlas, organizar 140-1, 155

decoraciones 166, 167, 168
depósito de cal 102, 105
desafíos 123
desechables 13, 18-19, 100, 107, 169-71, 173-4, 177-8
desinfectantes naturales 102
desmaquillante 90
desodorante 86
desperdicio alimentario 9, 31, 54, 129-30, 157-8, 164, 187
    recogida basura 23, 43, 45, 53, 131
detergente 104, 202-4
detergente de lavadora casero 12, 103-4, 202-3
detergente líquido 102-3
discos de algodón 90
documentales 112-14, 161
donar pelo 95
ducha 95, 111

economía compartida 122
educar a otros 52, 72, 81, 127, 155, 158, 160-2
electricidad, ahorro 111
eliminador de óxido 102
energía verde 44, 98, 109, 177
envases 8-9, 10-11, 59-60
    comida 30, 31, 165, 187
    para llevar 159
    contactar con empresas 48, 136-8
    cosmética 95
    reutilizables 43

y viajar 169, 173
envolver regalos 167
escribir cartas 133, 136-8
esponja de lufa 12
espuma/gel de afeitar 49, 88
esterilizar 71
eventos 163-8
exfoliante corporal 90

facturas, sin papel 44
familias 160-2, 175-9
fechas de caducidad 31
fiestas 163-8
filtros de agua 171
filtros de té 70
folletos 57
freecycle 17
frustración 134-5

galletas rústicas (receta) 193
gatos 182
gestión del tiempo 32
grupos residuo cero 62, 142
guantes de goma natural 107
guirnaldas luminosas 166

hacer campaña 114, 142
herramientas de limpieza 49, 107
hidratantes 86, 208
higiene 71
hilo dental 89
hoteles eco 173
huella de carbono 174
hueveras 77

imprimir 153
investigar 59-62

jabón 86, 89, 101-3, 105, 182, 203, 205
jabón facial 89-90
juguetes 179, 183

latas reutilizables 76-7
lavadora 98-9, 101, 109, 151, 177, 199
lavavajillas 71, 101-2, 104-5, 202, 204
    lavavajillas en polvo 204

219

Índice Alfabético

lecturas 112-14
leche 45
limpiador de alfombras 103
limpiador horno 103, 205
limpiasuelos 103
limpieza 96-114
limpieza playas 139
limpieza en seco 99, 110
listas de publicidad 46
lugar de trabajo 72, 142, 153-6

manualidades 72
mascarilla facial 90, 210
mascotas 131, 180-3
medicamentos 94
medidas para ahorrar agua 111
microfibras de plástico 21, 107
microplásticos 95
miel 89-90
minimalismo 36, 42, 87, 91-5, 153, 207
moda rápida 37, 147, 151
mondas 197
música gratuita 44

Navidad 166-7
niños 175-9
nueces de lavado 102

opciones sin envase 59-60
orden 42, 115-23
orden digital 123

pajitas 57, 68, 158
palomitas caseras (receta) 195
paneles solares 111
panfletos 57
pañales 177-8
papel 57, 156
papel higiénico 43, 45, 69, 89
papelería 154, 156, 168
para llevar 30, 159
pasta (receta) 192
pasta/cepillo de dientes 88-9
pedir prestado 16-17
perfeccionismo 135
perfume 29
periódicos 167
perros 181-2

piedras de alumbre 86
planear 32
plástico 8, 9, 10
   envases 30, 173, 181
   microfibras 21, 107
   reciclaje 21
   reducir 54, 55-8
   tapas 49
posesiones, reducir 16-17
predicar con el ejemplo 155
problemas salud 29-30, 100
productos de pelo 87-8, 209
productos de limpieza 29, 34, 79, 97-8, 100, 109
   pulverizador de limpieza multiusos 101, 200
   pulverizador de vodka desinfectante 101, 201
   natural 29, 97, 99, 101-4, 199-205
protector solar 87, 172, 207
publicidad 122, 179
pudín de pan (receta) 189
pulgas 182
purpurina biodegradable 167

quitamanchas 105
quitamanchas para el baño 105

recetas 185-211
recibos 57
recogida basura 133, 139
reconvertir 152
rechazar 14, 15, 19, 55-8, 158, 170, 172, 179
reciclaje 14, 21-2, 121
   alternativas 53
   minimizar 14
   niños 179
   papel 156
   sistemas de cubos 50-2
   tarjetas 167
   tejidos 21, 150, 152
   y viajar 172, 173
recipientes
   reutilizables 8, 9, 61, 67-9, 207
   ver también vasos, reutilizables; botellas de agua, reutilizables
recuperar 14, 23
   ver también compostar
redes sociales 136, 137

ÍNDICE ALFABÉTICO

reducir 14, 16-17, 19, 31, 45-6, 147, 157-8, 168, 181, 187, 199
regalos, experiencias 168, 179
rellenar 48-9, 59-61, 76, 78, 85-7, 89, 93, 95, 164
reparar 14, 20, 48, 122, 151, 156
repelentes de polillas 99, 105
residuo cero
   beneficios 28-34
   definición 13
   'Cinco erres' 14-24
   grupos 62, 142
   kit 63-81
   avanzar 25
   terminología 27
residuos de pesticidas 30
responder 14, 24
restaurantes 157-9
retirar pelo 88, 95
reutilizables 57, 63-81
   previsión 39, 75
   limpieza 71
   recipientes 8, 9, 61, 67-9, 207
   vasos 66, 68, 73, 171
   y limpieza en seco 99, 110
   y restaurantes 157, 158
   y entretenimiento 165
   maternidad 176
   pañales 177-8
   cuidado personal 84-5, 89
   y pasar tiempo con gente 162
   y viajar 171-4
   botellas de agua 18-19, 39, 66-8, 72, 171-2
   para bodas 168
   toallitas 178
   para la oficina 155
reutilizar 14, 18-19, 53, 156, 179, 183
revistas 44, 167
ropa 20, 37, 120, 135, 146-52, 176
ropa de embarazada 176

sellos 156
servilletas 68, 99, 158, 165
sintéticos 150
sistemas de basura 50-4
sobras 197
solicitudes 114
sostenibilidad 149

suavizante 101
superficies de mármol 101, 103
superficies granito 101, 103
supermercados 8-9

tapones de botella 49, 164
tara 27
tareas hogar 153
tarjetas de empresa 57, 156
tejanos 20, 51
tejidos orgánicos 150
telas 150
tiendas benéficas 120
tiendas residuo cero 59-60
tinte de pelo 92
tiritas 94
toallitas, desechables 100, 107, 178
tóner 90
tortillas de trigo (receta) 194
tortitas (receta) 191
toxoplasmosis 182
trapos
   microfibra 107
   reutilizables 49, 70, 99, 107, 167

valores 34
vasos 57
   reutilizables 66, 68, 73, 171
vegetarianos 35
velas 165
vender artículos 120, 152
verduras 79
vermicompostador 23, 125, 127-9
vertedero 21
viajar 169-74
viajar en avión 169-71, 174
vídeos gratis 44
vinagre blanco 29, 49, 97, 99, 101-2, 107, 200
vinagre de sidra de manzana 90, 209
vino, rellenar 78, 164
vodka 99, 101, 201
voluntariado 114

yogur (receta) 196
YouTube 7, 8, 141

REFERENCIAS

1. https://www.pnas.org/content/114/23/6052
2. https://www.theguardian.com/enviroNment/2013/jan/24/fish-channel-plastic-contamination
3. https://www.theguardian.com/lifeandstyle/2017/feb/14/sea-to-plate-plastic-got-into-fish
4. https://orbmedia.org/stories/Invisibles_plastics/multimedia y https://www.newscientist.com/article/dn28242-plastic-in-the-food-chainartificial-debris-found-in-fish/ and https://www.theguardian.com/environment/2016/jun/20/microfibers-plastic-pollution-oceans-patagoniasynthetic-clothes-microbeads
5. https://assets.publishing.service.gov.uk/government/uploads/system/uploads/attachment_data/file/726926/expert-committeepesticide-residues-food-annual-report-2017.pdf y https://www.newfoodmagazine.com/news/45901/nearly-half-british-foods-containpesticide-residue/
6. https://www.diabetes.co.uk/news/2017/jul/everyday-plastic-chemicals-linked-to-type-2-diabetes-risk-95492171.html
7. http://www.health.state.mn.us/divs/eh/indoorair/voc/ and https://iaqscience.lbl.gov/voc-svocs
8. https://www.wired.co.uk/article/receipt-recyclinguk-thermal-paper-digital-receipt
9. https://www.theguardian.com/science/2016/sep/02/antibacterial-soaps-banned-us-fda y http://sitn.hms.harvard.edu/flash/2017/say-goodbye-antibacterial-soaps-fda-banninghousehold-item/
10. https://www.eurekalert.org/pub_releases/2010-11/uom-sst112410.php y https://www.vox.com/2014/6/25/5837892/is-being-too-clean-making-us-sick y http://www.bbc.com/future/story/20151118-can-yoube-too-clean
11. http://www.ewg.org/guides/cleaners/content/cleaners_and_health#.WdW0mhNSyb8
12. https://www.huffingtonpost.co.uk/entry/how-to-fix-indoor-air-pollution_us_59e0cc85e4b03a7be58012b1 y https://www.epa.gov/indoor-air-quality-iaq/volatileorganic-compounds-impact-indoor-air-quality
13. https://brendid.com/green-cleaning-ingredientsyou-should-never-mix/
14. https://www.fashionrevolution.org/dontoverwash-its-time-to-change-the-way-we-care/
15. http://www.energysavingtrust.org.uk/sites/default/files/reports/EST_11120_Save%20Energy%20in%20your%20Home_15.6.pdf
16. https://truecostmovie.com/learn-more/environmental-impact/
17. https://www.fashionrevolution.org/dontoverwash-its-time-to-change-the-way-we-care/
18. http://www.wrap.org.uk/sites/files/wrap/VoC%20FINAL%20online%202012%2007%2011.pdf
19. https://www.huffingtonpost.co.uk/entry/how-often-should-you-wash-denim-jeans_uk_5a5dca35e4b0fcbc3a130290
20. https://www.frasercoastchronicle.com.au/news/how-much-aussie-homes-really-wasteover-christmas/2881742/ y https://www.independent.co.uk/environment/how-to-stopchristmas-waste-and-the-thousand-of-tonnesthrown-away-each-year-a7489766.html
21. http://www.apsnet.org/publications/apsnetfeatures/pages/christmastree.aspx
22. https://money.cnn.com/2010/12/16/news/economy/holiday_trash/index.htm
23. https://www.independent.co.uk/environment/disposable-nappies-a-looming-environmentalthreat-477750.html

AGRADECIMIENTOS

En primer lugar, quiero darle las gracias a mi agente Zoe Ross por perseguirme y convencerme de que escribiera este libro. Gracias por darme la oportunidad, y por hacerla realidad.

A mi marido, Mark, por creer y confiar en mí, por apoyarme en todo momento y acompañarme en esta aventura del residuo cero.

A mi hermano, Matt, por ofrecerme la genial idea del título de este libro.

A mi hermana, Lesley, por su amor incondicional y por haber creído que tenía algo que ofrecerle al resto del mundo. Aunque creo que no es del todo imparcial...

A mi suegra, Prudie, por respaldarme en todo momento y tener una paciencia infinita con mis esfuerzos por reducir plásticos en casa.

Al equipo editorial de Octopus, que aceptó desde el primer día todas mis exigencias para que la producción de este libro fuese sostenible y por creer que tenía algo que decirle y explicarle al mundo y, en especial, a Stephanie. Gracias por haber mostrado tanto entusiasmo por este libro. Tu energía es contagiosa y me siento una privilegiada por haber podido contar con tu apoyo y ayuda.

A Bea Johnson, autora de *Residuo cero en casa*. Fuiste una fuente de inspiración y gracias a ti emprendí este viaje hacia el residuo cero. Tuve la oportunidad de entrevistar a Bea en una conferencia en Bristol y su pasión por este estilo de vida es abrumadora. Compartir unos minutos contigo fue revelador, divertido e inolvidable. ¡Eres pura inspiración!

Y, por último, a mis seguidores del blog y suscriptores de mi canal de YouTube. Gracias por ser tan comprensivos y aguantar mi falta de puntualidad con los horarios, mis juegos de palabras terribles y mi edición de aficionada. A veces recibo mensajes en los que me explicáis que os habéis animado a cambiar ciertas rutinas para tratar de generar menos residuos gracias a mí y, la verdad, no pueden hacerme más feliz. Gracias por compartir vuestras aventuras sin plástico conmigo. Siempre me sacáis una sonrisa.

A Mark, Arthur, mamá y Matt

Título original: *Six Weeks to Zero Waste*

Primera publicación en Gran Bretaña en 2019 por Gaia, un sello de
Octopus Publishing Group Ltd Carmelite House
50 Victoria Embankment
Londres EC4Y 0DZ
www.octopusbooks.co.uk

© del texto: 2019, Kate Arnell
Diseño y maqueta: © 2019, Octopus Publishing Group Ltd

© de esta edición: 2021, Roca Editorial de Libros, S.L.
© de la traducción: 2021, María Angulo Fernández
Av. Marquès de l'Argentera 17, pral.
08003 Barcelona
actualidad@rocaeditorial.com
www.rocalibros.com

Primera edición: marzo 2021
Imprime Egedsa

ISBN: 978-84-17968-06-9
Depósito legal: B-2261-2021
Código IBIC: KNH; TQSR
Código producto: RE68069

Todos los derechos reservados. Quedan rigurosamente prohibidas, sin la
autorización escrita de los titulares del copyright, bajo
las sanciones establecidas en las leyes, la reproducción total o parcial de
esta obra por cualquier medio o procedimiento, comprendidos
la reprografía y el tratamiento informático, y la distribución de ejemplares
de ella mediante alquiler o préstamos públicos.